日本比較法研究所翻訳叢書
71

ゴットバルト教授日本講演録
ドイツ・ヨーロッパ民事手続法の現在

ペーター・ゴットバルト 著
二羽和彦 編訳

Beiträge zum deutschen und
europäischen Zivilverfharensrecht

von
Peter Gottwald

中央大学出版部

装幀　道吉　剛

著者まえがき

　2014年11月，私は日本比較法研究所の招聘により中央大学に客員教授として赴いた。退職して間もない大学教員（名誉教授）にとって，この招聘はまことに光栄なことである。
　この日本滞在によって，研究活動を始めてから親交をもつにいたった多くの日本の研究者たちと旧交を温めることができ，さらに深めることができた。また，3週間たらずという滞在期間であったが，心のこもったおもてなしを受け，日本の生き生きした生活文化を実体験できたことは望外の喜びである。
　この招聘期間中，私は中央大学，明治大学，慶應義塾大学および立命館大学において，私の複数の研究領域に関する講演を行った。さいわいなことに，なんらの支障なく，ドイツ語と日本語を交えた活発な議論を行うことができた。これも，各開催校において私の講演原稿を事前に訳出し，講演当日に資料として配付していただいたおかげであり，とても感謝している。

　中央大学，なかでも二羽和彦教授および森勇教授には，わざわざ中央大学にお招きいただいたこと，その滞在中も行き届いたご対応をしていただいたことを心より感謝する。
　また，私の講演原稿を訳出し，講演時には通訳の労をとっていただいた，秦公正教授（中央大学），芳賀雅顯教授（慶應義塾大学），坂本恵三教授（東洋大学），出口雅久教授（立命館大学）にも感謝申し上げる。さらに，講演でコメンテーターを務めていただいた長谷部由起子教授（学習院大学），講演における質疑応答を通訳していただいた小田司教授（日本大学），そして講演にご参加いただいた多くに方々にもお礼を申し上げたい。

　最後に，ドイツと日本との間における学問上の密接な結びつき，人と人と

ii

の緊密な交わりが今後とも維持され，ますます発展することを期待する次第である。

2015年4月　レーゲンスブルク

ペーター・ゴットバルト

訳　二　羽　和　彦

編訳者まえがき

　本書は，ドイツ連邦共和国レーゲンスブルク大学法学部ペーター・ゴットバルト名誉教授の講演集である。

　ゴットバルト教授は，1944年，ブレスラウ（現在はポーランドのヴロツラフ）に誕生された。ミュンヘン大学とベルリン大学で法律学を学び，ミュンヘンとベルリンの国家試験（司法試験）に合格されている。さらに，エアランゲン大学のシュワープ教授に師事され，1974年に博士号を取得し，1977年に教授資格を得た。1977年から1983年まではバイロイト大学の正教授として民法と民事訴訟法を担当され，また1983年からはレーゲンスブルク大学の正教授として民法，民事手続法，国際私法を担当されている。2005年から2009年までレーゲンスブルク大学の法学部長を務められた。同時に，1981年から1989年までは，バンベルク高等裁判所とミュンヘン高等裁判所の裁判官も務められている。さらに，1997年から2009年までドイツ国際手続法学会理事長を務められ，2009年から2011年までは国際訴訟法学会理事長を務められてもいる。

　ゴットバルト教授は，2014年11月4日から11月24日まで中央大学の客員教授として来日され，中央大学の学生および教員向けに3回の講演を行われた。第1回は，11月8日，市ヶ谷キャンパスで「ドイツにおける集団的権利保護の現状と将来」と題して，シンポジウム形式で実施した（本書第2章）[1]。第2回は，11月11日，多摩キャンパスで「ヨーロッパ国際民事訴訟法――その現状と今後」というテーマで行った（本書第4章）[2]。第3回講演会は，ふたたび市ヶ谷キャンパスで「ドイツの民事訴訟法教科書にあらわれたドイツ民事訴訟

---

[1] シンポジウムでは，長谷部由起子教授（学習院大学）にコメンテーターを，小田司教授（日本大学）に質疑応答の通訳を務めていただいた。

[2] 講演では，秦公正教授（中央大学）にゴットバルト教授の講演と質疑応答の通訳を務めていただいた。

法理論の変遷」というテーマで行われた（本書第1章）[3]。ゴットバルト教授はドイツ民事訴訟法学の泰斗であり，これらの講演に対する学外からの関心も高く，いずれも多数の参加者を迎え，活発な議論が行われた[4]。本書は，これら3回の講演とともに，芳賀雅顯教授（慶應義塾大学）および出口雅久教授（立命館大学）のご了解を得て[5]，11月7日に明治大学で行った「ヨーロッパ倒産法の現在」と題する講演（本書第5章），11月15日に慶應義塾大学で行った「国際仲裁手続法をめぐる最近の問題」と題する講演（本書第6章）および11月21日に立命館大学で行った「ドイツにおける弁護士の現在」と題する講演（本書第3章）を収録したものである。

本書は，六つの章からなる。第1章から第3章までは主としてドイツ法に関するものであり，第4章および第5章は主としてEU法に関するものである[6]。また，第6章は，国際私法に関するものである。以下では，各章の内容について簡単に紹介しておきたい。

第1章「教科書からみたドイツ民事訴訟法理論の変遷」は，編訳者からのたってのお願いで引き受けていただいたテーマである。ゴットバルト教授は，ドイツでもっとも著名な教科書 *Rosenberg/Schwab*, Zivilprozessrecht, 14. Auflage, 1986 の後継者[7]であり，このテーマを論じていただくのにもっともふさわしい

---

[3] 講演では，坂本恵三教授（東洋大学）にゴットバルト教授の講演と質疑応答の通訳を務めていただいた。

[4] 本来であれば各講演における質疑応答の内容も本書に収録すべきところ，残念ながら割愛せざるを得なかった。

[5] 芳賀教授・出口教授ともにゴットバルト教授とは旧知の仲であり，今回の来日にあたってお二人には公私ともにお世話になった。

[6] ただし，「EU法は，これと抵触する国内法に無制限に優先し，国内憲法にすら優先する」（M・ヘンデーゲン（中村匡志訳）『EU法』（ミネルヴァ書房，2013年）165頁）ことからすると，現在のEU構成国（加盟国）ではEU法抜きに国内法を語ることはできない。したがって，ここでの区分は一応のものである。

[7] *Rosenberg/Schwab/Gottwald,* Zivilprozessrecht, 15. Auflage, 1993. 最新刊は，17. Auflage, 2010 である。ちなみに，*Rosenberg,* Zivilprozessrecht, 1. Auflage, 1927, 最後の版は，9. Auflage, 1961 である。また，*Rosenberg/Schwab,* Zivilprozessrecht,

方だと考えたからである。本講演では，ドイツにおいてもわが国においても周知のものである民事訴訟法上の基本的な諸概念[8]がすでに1930年代にはドイツにおいて確立されており，これらの諸概念はその後精緻化されることはあっても，根本的に変更されることはなかったとされる。ただし，近年および今後における弁護士業務の在り方の変化に起因して，これら諸概念が変わっていく可能性も示唆されている。

第2章「ドイツにおける集合的権利保護」では，世界的に関心を集めている少額拡散損害の救済[9]について，ドイツにおける団体訴訟や投資者ムスタ手続法などを題材として[10]，その救済策の立法過程や実際の救済状況にいたるまできわめて詳細に紹介していただいた。ゴットバルト教授は，集合的権利保護につきオプト・アウト型の立法をすることには否定的でありながらも[11]，少額拡

---

10. Auflage, 1969, 最後の版は，14. Auflage, 1986である。

8) 講演では，民事訴訟の目的，効果的な権利保護を求める権利，手続原則（処分権主義，弁論主義），訴訟物，既判力，証拠法（証明責任の分配，証明度，違法収集証拠の利用，秘密保護手続），当事者の法的地位（当事者概念，当事者の義務，当事者の解明義務，当事者の訴訟行為）といった諸概念が取り上げられ，論じられている。

9) わが国では，消費者集合訴訟制度を定める「消費者の財産的被害の集団的な回復のための民事の裁判手続の特例に関する法律」が2013年12月4日に成立し，同月11日に公布されている（一部を除き3年以内に施行）。

10) ドイツにおける2011年までの状況については，髙田昌宏「ドイツにおける集団的訴訟制度の概要（上）（下）」NBL964号（2011年）44頁以下，NBL965号（2011年）78頁以下も参照。

11) 講演前の打ち合わせで，長谷部教授がゴットバルト教授に対して「ドイツにおいて，あるいはより広く，ヨーロッパにおいてというべきなのかもしれませんが，オプト・アウト型が支持されないのはなぜなのでしょうか。実際上の問題としては，濫用の危険がある，あるいは原告が勝訴して損害賠償額を獲得することができたとしても，それを被害者に配分することは効率的でない，といったことがあると思います。理論上の問題としては，たとえば，オプト・アウト型の集合訴訟においては，多数の被害者の権利が，その同意もなく他人によって訴訟上行使され，オプト・アウトの申出をしないかぎり，判決の効力は被害者全員に及んでしまいます。そうした規律が，処分権主義や個人の意思決定の自由を基調とする民

散損害の救済にあたっては，オプト・イン型の立法における限界も指摘されている。

　第 3 章「ドイツにおける弁護士の現在」では，まさにドイツにおける弁護士の現状が詳細かつ具体的に紹介されている[12]。わが国では弁護士数が 3 万 5000 名を超えた現在，弁護士数の過剰が問題とされ，司法試験の合格者数を 1500 名程度に抑えることが提唱されているところ[13]，ドイツにおいては弁護士数が 16 万名を超え，さらに毎年 8000 名近くの者が弁護士業に参入しているという。ここで論じられている弁護士の専門家，弁護士業の組織形態，弁護士報酬，所得状況，弁護士年金等についてのゴットバルト教授の指摘は，わが国における将来の弁護士像にとって示唆に富む。

　第 4 章「ヨーロッパ民事訴訟法」では，EEC の成立を起点とするその 35 年の歴史が詳しく紹介されている。現在のヨーロッパ民事手続法は，EU 構成国の領域内における国境を越える訴訟追行を許容し，さらにそれを超えて，EU 市民を保護するために，部分的には EU 非構成国との関係についてまで規律するにいたっている。その発展には目を見張るものがある。ただし，各国における固有の伝統とその国民感情からすると，一足飛びに民事手続法を統合することの困難さにも気づく[14]。

　企業や人の経済活動は国境を越え，一企業の倒産もまた国境を越えて複数の国にまたがるものであることから，早い段階より EU 構成国の領域における倒

　　事訴訟の伝統的な思考と相容れないということがあるのでしょうか。」との質問をしたところ，「理論的には処分権主義に反するとの理由が大きい」と返答された。
- [12]　ドイツにおける弁護士業の現況については，森勇・米津孝司編『ドイツ弁護士法と労働法の現在』〔日本比較法研究所研究叢書 93〕（中央大学出版部，2014 年）も参照。
- [13]　法曹養成制度顧問会議における「法曹養成制度改革推進会議決定（案）」http://www.cas.go.jp/jp/seisaku/hoso_kaikaku/dai22/siryou4.pdf 参照。
- [14]　たとえば，財政は加盟国 19 カ国に委ねつつ通貨（ユーロ）と金融政策をひとつに統合した経済通貨同盟（EMU）と異なり，EU 法，とりわけ民事手続法の領域における法の統一は漸次的かつ段階的である。

産法の統合が求められていた。第5章「ヨーロッパ倒産法の現在」では，近年の倒産件数の急増に伴って，倒産法の統合が急速に進められたことが具体的かつ詳細に紹介されている。この法領域では，実際上の必要性が，各国における固有の伝統等に優先したということであろう。しかし，EU構成国という領域をさらに越えた倒産という事態には，EU構成国内における倒産法の統合では十分に対応できず，EUという領域を超えた倒産法の統合が今後における最大の課題となってくる[15]。

　企業や人の経済活動はEU構成国の領域を越え，EU構成国内の企業等と非構成国内の企業等との間で法的紛争が生じることも当然ありうる。第6章「国際仲裁手続法をめぐる最近の問題」では，とくに機関仲裁を取り上げ，国際仲裁の効率性を上げクオリティを向上させるためにはどうすればよいかが多面的に論じられている。そして，最後に指摘されているのが「仲裁手続と裁判所における手続との区別が一層少なくなる」ということである。この点については，今後の議論が待たれることになろう[16]。

　ゴットバルト教授には，ここで収録した講演ばかりでなく，講演前に行った事前打ち合わせ，講演に引き続き行われた質疑応答，さらには食事のときなどで多くのことをお教えいただき，心から感謝している。また，講演時にはまだ確定していなかった情報をご帰国後に追加していただき，その真摯さに感激している。さらには，これまでゴットバルト教授とのおつきあいがあったわが国の多くの研究者に，講演の通訳等をお務めいただき，あるいは参加者として教授との間の議論に加わっていただいた。失礼ながらお名前を挙げることはしないが，ご協力いただいた多くの方々にあらためて深く感謝申し上げる。同時

---

[15] わが国における国際倒産への対応について，たとえば山本和彦『国際倒産法制』（商事法務，2002年）など参照。

[16] 裁判と仲裁は，強制的法的紛争解決制度の2本柱である（仲裁14条1項本文）。したがって，利用者としては，二つの制度的選択肢が均質であることは一面において魅力的である。しかし同時に，インフォーマルで柔軟かつ迅速な手続という仲裁の利点を消すことにならないかが危惧される（小島武司・猪股孝史『仲裁法』（日本評論社，2014年）42頁以下参照）。

に，このように多くの方々に参加していただけたのも，ゴットバルト教授の人間的な魅力があったればこそ，と思っている次第である。

　最後に，仕事の遅い私に対し根気強く叱咤激励していただいた日本比較法研究所の関口夏絵氏，中央大学出版部の小川砂織氏に心よりお詫びと感謝を申し上げたい。

2015 年 7 月

二　羽　和　彦

目　次

著者まえがき
編訳者まえがき

第1章　教科書からみたドイツ民事訴訟法理論の変遷
訳 坂本恵三 … 1

Ⅰ. 民事訴訟の目的 …………………………………………… 2
Ⅱ. 効果的な権利保護を求める権利 ………………………… 3
Ⅲ. 手 続 原 則 ………………………………………………… 5
Ⅳ. 訴 訟 物 …………………………………………………… 8
Ⅴ. 既 判 力 …………………………………………………… 13
Ⅵ. 証 拠 法 …………………………………………………… 16
Ⅶ. 当事者の法的地位 ………………………………………… 22
Ⅷ. 結論と展望 ………………………………………………… 29

第2章　ドイツにおける集合的権利保護
──投資者ムスタ手続法にとどまるのか，さらに拡大するのか──
訳 二羽和彦　31
　　芳賀雅顯

Ⅰ. 序　　論 …………………………………………………… 31
Ⅱ. 個別訴訟か共同訴訟か …………………………………… 32
Ⅲ. 団 体 訴 訟 ………………………………………………… 33
Ⅳ. 債権譲渡による集合訴訟 ………………………………… 36

Ⅴ．投資者ムスタ手続法……………………………………… 42
　Ⅵ．将来的な集合訴訟への途はあるか…………………… 46
　Ⅶ．結　　論……………………………………………………… 52

第3章　ドイツにおける弁護士の現在
訳 出口雅久… 55

　Ⅰ．ドイツの弁護士数………………………………………… 55
　Ⅱ．弁護士の専門化…………………………………………… 57
　Ⅲ．弁護士業の組織形態……………………………………… 59
　Ⅳ．弁護士報酬………………………………………………… 61
　Ⅴ．弁護士倫理………………………………………………… 66
　Ⅵ．展　　望……………………………………………………… 67

第4章　ヨーロッパ民事訴訟法
訳 秦　公正… 71

　Ⅰ．成　　立……………………………………………………… 71
　Ⅱ．国際裁判管轄の統一システム………………………… 76
　Ⅲ．承認および執行宣言のシステム……………………… 84
　Ⅳ．結　　論……………………………………………………… 90

第5章　ヨーロッパ倒産法の現在
訳 芳賀雅顯… 91

　Ⅰ．ヨーロッパ倒産法の現状………………………………… 91
　Ⅱ．実務上の重要性…………………………………………… 94
　Ⅲ．ヨーロッパ倒産法の規律範囲………………………… 95
　Ⅳ．主手続および付随手続の国際裁判管轄……………… 98
　Ⅴ．併合手続………………………………………………… 102
　Ⅵ．コンツェルン倒産……………………………………… 106

Ⅶ．債務処理と免責への道……………………………………………… *111*
　　Ⅷ．結論および展望…………………………………………………… *113*

第6章　国際仲裁手続法をめぐる最近の問題
　　　　　　　　　　　　　　　　　　　訳 芳 賀 雅 顯…115
　　Ⅰ．近年の展開…………………………………………………………… *115*
　　Ⅱ．近年における改革………………………………………………… *116*
　　Ⅲ．国家裁判所と仲裁廷の関係……………………………………… *128*
　　Ⅳ．国際的な仲裁裁判所に対する不信……………………………… *130*
　　Ⅴ．結　　　論………………………………………………………… *135*

Prof. Dr. Dr. h.c. Peter Gottwald Schriftenverzeichnis

索　　引

第 1 章　教科書からみたドイツ民事訴訟法理論の変遷

訳　坂　本　恵　三

　ドイツ民事訴訟法のドグマにこの何十年かで変更があったか否か，あったとすればどの程度のものかを明らかにすること。これがホスト大学である中央大学が私に要請したテーマであった。私は，この要請を喜んで受け入れ，いくつかの理論的に重要な基本問題に関しての学説の変遷を皆さんに示したい。その際，以下の点を予めお断りしておく。

　どの法も同じことだが，民事訴訟法も「政策的」秩序であり，したがって特定の社会における価値秩序を反映している。それゆえ，多くの理論的な基本問題は，概念的または論理的に判断されるのではない。純粋な論理に関しては，一般的に妥当する訴訟制度の「本質」は存在しない。まさにそれゆえ，根本的な基本問題をめぐる論争は，決して終局的な結論を得ることはないのである。常にさまざまな見解の支持者が存在するであろう。もちろん一般的には，この何十年かにおいてドイツにおける伝統的な理論的な争いのある問題についての関心は，減少したということができる[1]。比較的若い教科書の著者たちは，たいていたんに教えるという目的のために，判例の理由付けを新たに批判的に検討することなく，まさにプラグマティックに判例の論証に従っている。通説の立場は，教科書から，コンメンタールへと移行し，最終的には連邦通常裁判所へと移行した。この傾向に対し，ヨハン・ブラウンは，2014 年夏，分厚い教科書を出版し，この何十年かの学説を検討し，どの時代にも問題となる基本問題を新たに深く考察し，新たな理論体系を構築することを試みている。ブラウンの教科書が，影響力を有するか否かは，目下のところ明らかではない。

---

1)　*R. Stürner*, Die Rolle des dogmatischen Denkens im Zivilprozessrecht, ZZP 127 (2014), 271, 274 も同様。

I. 民事訴訟の目的

　たいてい民事訴訟法の教科書では，冒頭で民事訴訟の役割または目的についての記述がある。レオ・ローゼンベルクによれば，権利の実現と法秩序の維持，法的平和の創設と保持についての国家の利益が，民事訴訟の二つの目的であり，この二つは等価値である。いわゆる一つの硬貨の裏表の関係論である[2]。これに対し，カール・ハインツ・シュワープによれば，個人の権利の実現が優先する。他のすべての目的，たとえば法秩序の維持や法的平和と法的安定性の創設，法形成などは，シュワープによれば，権利保護の結果にすぎない[3]。法社会学と心理学の影響を受けて，指摘されることが増えたのは，手続は紛争解決に資するものであり，そのために対話のための前提条件が当事者間で形成されなければならないということである。当事者支配と実体的な裁判官の訴訟指揮が適切な関係に立つ集中的な主要弁論というシュトゥットガルト・モデルによって，実際にこのような対話の枠組みが創設された[4]。

　しかし，いずれにせよ紛争解決は権利保護に劣後する[5]。そうしようと思えば，その限りでは訴訟目的として訴訟（Richten）と調停（Schlichten）を区別することもできる[6]。しかし，調停は権利保護を拘束力をもって規律するものではなく，ドイツの民事訴訟はすでにずっと両者に基づいて実施されている。このことは，今日実施されている裁判上のメディエーションによっても確かめら

---

[2] *Rosenberg,* Zivilprozessrecht, 9. Auflage, 1961, § 1 III 2 (S. 2/3).

[3] *Rosenberg/Schwab,* Zivilprozessrecht, 14. Auflage 1986, § 1 III (S. 3) ; *Rosenberg/Schwab/Gottwald,* Zivilprozessrecht 17. Auflage 2010, § 1 Rn. 5, 9 ff ; *Schilken,* Zivilprozessrecht, 6. Auflage 2010, § 1 Rn. 10 ; *Adolphsen,* Zivilprozessrecht, 4. Auflage 2014, § 2 Rn. 3, 4 も同様。

[4] *R. Stürner,* Parteiherrschaft versus Richtermacht, ZZP 123 (2010), 147, 152 ff. を参照。

[5] たとえば，*Schilken* § 1 Rn. 15 ; *Rosenberg/Schwab/Gottwald* § 1 Rn. 11 を参照。

[6] たとえば，*Braun,* Lehrbuch des Zivilprozeßrechts, 2014, § 4 (S. 51, 61, 63 ff).

れる（民訴 278 a 条）[7]。

　より重要であるのは，民事訴訟が，1980 年代以降たんに権利保護に資するだけでなく，むしろたとえば団体による不作為の訴えや，まれではあるが収益剝奪請求訴訟の場合のように公共の利益にかかわりをもつことがしばしばあるということである[8]。公共の利益の保護は，民事訴訟の役割としてのいわゆる司法による強制と大きく異なるものではない[9]。何がいいたいかといえば，私的な当事者が，たとえば市場の適正化[10]のように官庁によって行われる公的な案件を私的な民事訴訟の枠内で実現する権限を有するとされているということである。この種のことは，アメリカ合衆国では広範に普及しており，ドイツおよび EU においても徐々に導入されはじめている。

II. 効果的な権利保護を求める権利

　EU 基本権憲章（2007 年 12 月 12 日）[11] 47 条は，今日すべての人に裁判所において有効な法的救済を求める権利を保障している。この種の請求権は，ローゼンベルクにはまだまったく知られていなかった。

1．権利保護請求権

　効果的な権利保護を求める権利のかわりに，かつての教科書では，原告は自己の実体法上の権利に基づいてすでに訴訟前に裁判所と被告に対して有利な判決を求める請求権を有するという見解が唱えられていた。このいわゆる権利保護請求権を，ローゼンベルクは，無意味であるとして常に否定した。この請求権は，強制履行できるものでもないし，実体法と訴訟の架橋としてこのような

---

[7]　*R. Stürner*, ZZP 127 (2014), 271, 326 ff. を参照。
[8]　*Adolphsen* § 2 Rn. 5；*Rosenberg/Schwab/Gottwald* § 1 Rn. 8 を参照。
[9]　たとえば，*Hess*, in *Jauernig/Hess* Zivilprozessrecht, 30. Auflage, 2011, § 1 Rn. 9.
[10]　*S. D. Poelzig*, Normdurchsetzung durch Privatrecht, 2012, S. 510 ff.
[11]　ABl EU Nr. C 303/1.

請求権を認める必要性もない[12]。正当にもローゼンベルクは，この請求権が訴訟外のものとして考えられているという批判を加えている。当事者が争っている実体法上の請求権と同様に不確実な請求権を国家に対するものとして原告に付与するということは，実体法上の権利を必要もなく二重化することである[13]。

2．司法行為請求権

権利保護請求権のかわりに，すでにローゼンベルクは，司法あるいは司法行為を求める市民の純粋に公法上の請求権を認めていた[14]。

シュワープは，この立場を実質的にそのまま承継した[15]。この司法請求権は，もはや実体法上の権利との結びつきを有するものではない。司法請求権の内容となっているのは，裁判所は訴えを適切に処理し適切な期間内に訴えについて裁判しなければならないということにすぎない。この司法行為請求権は，今日の教科書において一般的に認められている[16]。

権利保護を求める権利は，つい何年か前まで，ドイツにおいては，たんに通常裁判所にアクセスする権利にすぎなかった。しかし，今日では，この点についてもアメリカの影響を受けて，さまざまな手続の提供が求められる。すなわち，消費者のための簡素で費用のかからない調停機関やメディエーションから私的仲裁に至るまでの諸手続である。その際，通常の民事訴訟は，他のすべての手続が奏効しなかった場合に，少なくとも思考上は一種の最終手段となる[17]。

---

12) *Rosenberg* § 90 IV (S. 435 ff).
13) *Braun* § 3 III 1 (S. 41).
14) *Rosenberg* § 2 II 3 (S. 8).
15) *Rosenberg/Schwab* § 3 I (S. 13).
16) たとえば，*Jauernig/Hess* § 1 Rn. 3, § 36 Rn. 2 ; *Adolphsen* § 2 Rn. 2 ; *Grunsky*, Zivilprozessrecht, 13. Aufl. 2008, Rn. 2 ; *Musielak/Voit*, Grundkurs ZPO, 12. Auflage 2014, Rn. 11 ff.
17) たとえば，すでに *Rosenberg/Schwab* § 1 III 4 (S. 3) に記され，*Rosenberg/*

基本法の施行および憲法抗告の導入以来，司法行為請求権は，改良され洗練された。この請求権の観点は，裁判官の不作為に対する権利保護である。すでにローゼンベルクは，司法請求権から，権利保護を拒んだり遅延させる裁判所が，憲法抗告を用いて法律に従って手続きすることを余儀なくされる可能性があるという結論を導いていた[18]。シュワープの教科書では，これに加えて「民事訴訟法と憲法」についての新しい章において，ヨーロッパ人権憲章6条も過度に時間のかかる裁判手続を禁止していることが，記述されている[19]。そうこうするうちに，これはドイツにおいても立法化された[20]。ドイツの立法者は，いくつかの裁判所で実践されていた不作為の抗告を採用しないで，その代わりに訴訟遅延の責問（裁判所構成法198条）が奏効しなかった後の損害賠償による解決を導入した。多数説は，この他にこれまで同様，憲法抗告が許されると考えている[21]。

III. 手続原則

1．処分権主義

ドイツ法に特徴的であるのは，基本原則を用いて手続を構成することである[22]。原告が，民事訴訟の開始を自由に決定することができ，当事者双方が，いずれにせよ財産法上の手続に関しては訴訟物を処分できるということは，ロ

Schwab/Gottwald § 1 Rn. 12 においてさらに強調されている。*Münch* は，この選択肢を訴訟目的論の問題として論じている。Grundfragen des Zivilprozesses, in *Bruns/Münch/Stadler*, Die Zukunft des Zivilprozesses, 2014, S. 5, 40 ff. を参照。

18) *Rosenberg* § 2 II 3a (S. 8)；*Rosenberg/Schwab* § 3 I (S. 13) も同様。
19) *Rosenberg/Schwab* § 2 VII (S. 7)；*Rosenberg/Schwab/Gottwald* § 1 Rn. 29 も同様。
20) 2011年11月24日の過度に時間のかかる裁判手続の際の権利保護に関する法律，（Gesetz über den Rechtsschutz bei überlangen Gerichtsverfahren...vom 24. 11. 2011, BGBl I 2481）。
21) *M. Schwab*, Zivilprozessrecht, 4. Aufl. 2012, Rn. 170a.
22) 最近の論考としては，*A. Bruns*, Maximendenken im Zivilprozessrecht, in *Bruns/Münch/Stadler*, Die Zukunft des Zivilprozesses, 2014, S. 55.

ーゼンベルクにとっては自明のことであったものと思われる。それゆえローゼンベルクは，彼の教科書ではきわめて簡潔に弁論主義と異なるものとして処分権主義を記述しているにすぎない[23]。これに対し，最近の文献は例外なく，処分権主義は私的自治の原則の民事訴訟における直接的な帰結であることを強調している[24]。

2．弁論主義

　19世紀初頭から，ドイツの民事訴訟では弁論主義が適用されている。この点について，ローゼンベルクの記述によれば，「両当事者の利己心と利害の対立は，国家による探知がなしうるよりも，訴訟資料を完璧に提出し解明することに寄与し，この目的のために判決手続を争訟的に形成することに寄与するのである」。ローゼンベルクがさらに記述しているところによれば，「弁論主義は，不可侵のドグマではなく，純粋に合目的的な考慮の結果である」[25]。

　シュワープは，最後までこの立場を維持した。シュワープは，明文の規定による弁論主義と異なる扱い，すなわち民訴139条による裁判官の法的観点指摘義務と（証人以外の）証拠方法についての職権証拠調べを理由として，弁論主義の原則的な適用を否定することに，反対の立場をとっている[26]。

　今日一般的に受け入れられているところによれば，当事者自身が，自己の主張の完全性，すなわち事実関係の提出について責任を負っている[27]。

　しかし，法律が純粋に利己的な訴訟追行を許容しているのかそれとも当事者

---

23)　*Rosenberg* § 63 II (S. 295).
24)　たとえば，*Rosenberg/Schwab/Gottwald* § 76 Rn. 1；*Adolphsen* § 4 Rn. 7, 10；*Jauernig/Hess* § 34 Rn. 1；*Zeiss/Schreiber*, Zivilprozessrecht, 12. Aufl. 2014, Rn. 169 ff；*M. Schwab* Rn. 154；*Braun* § 5 I 2 (S. 73).
25)　*Rosenberg* § 63 I (S. 293 f).
26)　*Rosenberg/Schwab* § 78 I 4 (S. 453/54).
27)　*Jauernig/Hess* § 25 Rn. 16 ff；*Rosenberg/Schwab/Gottwald* § 77 Rn. 3；*Adolphsen* § 4 Rn. 12 ff；*M. Schwab* Rn. 156 ff；*Musielak/Voit* Rn. 104 f；*Zeiss/Schreiber* Rn. 174 ff；*Braun* § 6 I 2 (S. 89).

に建設的な協力を期待しているのかという問題に関しては，見解の相違がある。すでにローゼンベルクは，彼の教科書の第9版において以下のように記している。すなわち，「現代の民事訴訟の実態は，……裁判官と当事者の協働作業という点にある」[28]。カール・ハインツ・シュワープは，この一節を削除し，（社会国家主義の帰結としての）協働主義を認めることを明確に批判した[29]。1976年の簡素化法が，当事者の訴訟促進義務を導入した後，私自身は，当事者と裁判所は効果的で迅速な紛争解決という意味で協働しなければならないと考えており，その限りにおいては，協働主義の適用があるということができると考えている[30]。これに対しヘスの見解によれば，これまでどおり，当事者の自己責任は，純粋な弁論主義によって維持され，協働主義を認めることはこの自己責任を撤廃し，当事者の提出が有する裁判所に対する拘束力も邪魔な異物となるという不当な結果をもたらすものであり，それゆえ弁論主義の補完ということは否定されなければならない[31]。

これに対し，裁判官の法的観点指摘義務（民訴139条）が弁論主義をある程度制限するものであることについては，おおむね見解の一致がある。裁判官が，不明瞭な提出について問いを発し，主張と証拠方法の補充を促せば，確かにそれはおそらくより良い裁判をもたらすであろうが，まず第一に自己責任によって当事者が提出した訴訟資料の変更をもたらすことになる[32]。すでにローゼンベルクの教科書でも，以下のように記されている。すなわち，裁判所は，釈明権ないし釈明義務によって事実資料の収集に最大の影響を及ぼすことができるが，釈明権は当事者が主張をする契機を提供するためにだけ許されるのであって，裁判所が自ら新たな訴訟資料を持ち込み判決の基礎とすることは決し

28) *Rosenberg* § 1 VI (S. 6).
29) *Rosenberg/Schwab* § 78 I 4 (S. 454).
30) *Rosenberg/Schwab/Gottwald* § 77 Rn. 5 ; Adolphsen § 4 Rn. 18.
31) *Jauernig/Hess* § 25 Rn. 59 ff. *Schilken* Rn. 359 も懐疑的である。
32) *Grunsky* Rn. 42 ; *Jauernig/Hess* § 25 Rn. 33 ff ; *Rosenberg/Schwab/Gottwald* § 77 Rn. 15 ff ; *Schilken* Rn. 352 ff. 参照。

て許されない[33]。この見解は，シュワープの教科書でもそのまま維持されている[34]。これらすべてのことについては，今日においてもなお争いはない。

しかし，私は，2001年に法的観点指摘義務が厳格化されたことを理由として，以下の点を強調する。すなわち，裁判所の法的観点指摘義務は，当事者・裁判所間の包括的な意思疎通に役立ち，当事者を事実面でのまたは法的な面での不意打を判決から保護すべきものである。それゆえ裁判所は，疑わしい場合に，法的審問請求権（基本法103条1項）を侵害したくなければ，（民訴139条2項により）法的な観点についても当事者と討議しなければならないのである[35]。

部分的に職権証拠調べができる裁判所の権限によって，弁論主義は，さらに修正を加えられる[36]。

IV. 訴 訟 物

訴訟物は，ドイツ訴訟法学説の中心的概念であり，多くの研究者の論文のテーマとなっている。伝統的に訴訟物は，請求の併合および訴えの変更，訴訟係属，既判力という問題について統一的な基礎を見出すことに役立つものであるといわれている[37]。

1. 訴訟物としての訴訟上の請求

ヘルウィックの教科書（1912年）では，訴訟の対象という概念と請求という概念が記されているにすぎない。ヘルウィックは，請求が単一であるか複数であるかを，基本的にはまだ請求権競合についての実体法学説を基準にして定義

---

33) *Rosenberg* § 63 II 3 a (S. 295/96).
34) *Rosenberg/Schwab* § 78 III 1 (S. 457).
35) *Rosenberg/Schwab/Gottwald* § 77 Rn. 23 ff.
36) *Rosenberg/Schwab/Gottwald* § 109 Rn. 8, § 119 Rn. 44.
37) 出訴の途や管轄，訴訟要件，訴額についても訴訟物は重要である。たとえば *Braun* § 26 I 1 (S. 390) は正当である。

付けていた。ヘルウィックの見解によれば，請求の併合は，原告が同一の事実関係から別個の法的効果（請求権）を導き出しそれに従って別個の申立てをすることに基づくものである。しかし，他方において，同一の対象について別個の判決類型が申し立てられている（たとえば給付判決と確認判決）という点のみで申立てが異なるというだけでは，請求の併合にはあたらない[38]。結局のところ，申立てと事実関係との関係は解明されないままである。

明確で完結した考えに最初に到達したのはローゼンベルクであり，1927年に初版が出版された彼の教科書の中でそれが示されている。ローゼンベルクにとっては，訴訟物は二つの要素で判断されるものであった［編者注：二肢説］。すなわち，申立てと事実関係は等価値の要素なのである[39]。

第二次世界大戦後，ニキッシュは，以下の見解を唱えた。すなわち，訴訟上の請求つまり訴訟物は，実体法上の権利とは関係なく，原告の権利主張によって特定される。事実関係は，場合によっては，原告の権利主張を個別化するために必要であるにすぎない[40]。ニキッシュの見解は，すぐにカール・ハインツ・シュワープによってさらに一層過激に展開された。すなわち，シュワープによれば，訴訟物とは原告の申立てだけである。事実関係は，原告の申立ての解釈のためだけに，あわせて援用されるにすぎない[41]。ローゼンベルクは，シュワープの考えをすでに1954年彼の教科書の第6版で採用し，彼が担当した1961年の最後の版までこの見解を維持した[42]。カール・ハインツ・シュワープも同様にその見解を維持し，この見解に対するあらゆる批判からこの見解を擁護した[43]。

---

38) *Hellwig*, System des Zivilprozessrechts, 1. Teil, 1912, S. 327 f.
39) *Rosenberg*, Zivilprozessrecht, 1. Auflage 1927.
40) *Nikisch*, Zivilprozessrecht, 1950, § 42 II – IV (S. 163 ff).
41) *Karl Heinz Schwab*, Der Streitgegenstand im Zivilprozess, München, Berlin 1954. シュワープの見解を今日の視点で検討するものとして，*Althammer,* Die Streitgegenstandslehre von Karl Heinz Schwab im Zivilprozess des 21. *Jahrhunderts*, ZZP 123 (2010), 163。
42) *Rosenberg* § 88 II (S. 517 ff).

シュワープの極端な立場は後年激しい議論を惹起し，この議論を通じて訴訟物についての一肢説のすべての要素に疑問が呈されたのである。

2．新実体法説

1960年代および1970年代には実体法上の請求権と訴訟上の請求との切断を再び回復させようとする試みがなされた。そのために，ドイツ法でしばしば生じる請求権競合は，単なる請求権規範の競合に変換された[44]。独立して自由に処分することが可能な請求権の総体というものに単純化して統合すべきであり，その場合，訴訟物は，たんに主張された実体法上の権利であると説かれる[45]。しかし，この「新実体法説」を，通説は否定する。実体法への転移によっては，結局，実用的な限界設定の問題は解消されないのである[46]。さらに，相互に非両立の要件を伴う別個の規範をすでに実体法の領域で一つの請求権に統合するということは，概念的にも受け容れられるものではない[47]。

3．訴訟物の相対性

a）訴訟係属による遮断よりも広範な訴訟物

シュワープの学説および統一説に対し繰り返し提起される批判は，訴訟物は統一的に定められるものではなく，それぞれの問題設定ごとに相対的に定められるべきものであるというものである。請求の併合と訴えの変更については，訴訟物は，申立てだけを基準として特定される[48]。訴訟係属の抗弁については

---

43) *Rosenberg/Schwab* § 96 III 3 (S. 567).

44) たとえば，*Georgiades*, Die Anspruchskonkurrenz im Zivilrecht und Zivilprozeßrecht, 1968 ; *Rimmelspacher*, Materiellrechtlicher Anspruch und Streitgegenstandsprobleme im Zivilprozeß, 1970.

45) たとえば，2014年現在再びこの立場を採るものとして *Braun* § 26 II 2, 3 (S. 397 ff).

46) たとえば，*Schilken* Rn. 228.

47) これが通説である，*Rosenberg/Schwab/Gottwald* § 92 Rn. 17 を参照。

48) *Blomeyer*, Zivilprozessrecht, 2. Auflage 1985, § 40 IV, V.

確かに申立ても基準として顧慮されるが，さらに，給付の訴えが同一裁判所において請求の拡張によって提起され，あるいは給付の反訴が提起される可能性がある場合には，確認の訴えと給付の訴えの関係でも訴訟係属が生じる[49]。訴訟物の相対性理論は，今日でも主張されている。ひとつの生活事実関係または事実関係の核心について手続を集中させるために，訴訟係属という問題については訴訟物を大変広く拡張し，申立ての一体性を度外視することが要求されるという考えが，度々認められている。たとえヨーロッパ司法裁判所の核心理論[50]を一般的にドイツ手続法に導入する意図はないとしても，ヘルベルト・ロートは，訴訟係属については権利保護形式を訴訟物から切り離して，訴訟物は同一の事実関係によって特定されるというその限りでは訴訟物についての一肢説の基準を唱えている[51]。アルトハンマーは，実質的にこれに同調して同一の利益を基準としている[52]。実務も教科書の学説も，これまでこの見解に従ってはいない。訴えが，異なる申立てを包含する場合には，その結果，別個の訴訟物が存在するのであり，訴訟係属の抗弁には理由がない。ヨーロッパ法とは異なり，債務者は消極的確認の訴えによるのではなく，債権者に積極的な給付の訴えのための裁判籍を強要することはできない[53]。しかし，給付の訴えの後に提起される確認の訴えには，権利保護の利益が欠けるのである（民訴256条1項）[54]。

b）確認の訴えと形成の訴えにおける一肢説の訴訟物

一部では一肢説による訴訟物理論が，確認の訴えと形成の訴えについてなお

---

49) *Blomeyer* § 40 V 1, 49 III 2.
50) EuGH Slg. 1987, 4861 (*Gubisch v Palumbo*) ; EuGH Slg. 1994, I-5439 („*The Tatry*").
51) *Stein/Jonas/Roth*, 22. Auflage 2008, § 261 Rn. 26, 28 f, 32.
52) *Althammer,* Streitgegenstand und Interesse, 2012.
53) BGH NJW 1994, 3107.
54) *Jauernig/Hess* § 35 Rn. 21, § 40 Rn. 10 ; *Lüke,* Zivilprozessrecht, 10. Aufl. 2011, Rn. 167 ; *Rosenberg/Schwab/Gottwald* § 92 Rn. 5, § 98 Rn. 22 f ; *Schilken* Rn. 237 ; *Zeiss/Schreiber* Rn. 345.

主張されている[55]。この論者によれば，自己の所有権の確認を求めて訴えを提起する者は，基礎となる事実関係と無関係にこの確認を求めている[56]。通説は，正当にもこの見解に従っていない。通説によれば，所有権も，特定の事実関係に関して確認され，あるいは否定されるにすぎない。すなわち，係争物は売買契約の履行として原告に譲渡されたのではないという理由で，請求が棄却されたとしても，原告は相続によって所有権者になったということを理由とする第二の訴えは依然として適法である[57]。

　形成の訴えについても，特定の形成という一般的な要求が訴訟物なのか，すなわち競合するすべての形成権が一個の包括的な訴訟物を構成するだけなのかという問題については争いがある。争いが顕在化するのは，第一訴訟では知らなかったあるいは提出しなかった形成権を援用する第二の訴えが適法かという問題においてである[58]。この問題についても，私は，申立てと生活事実関係を基準とする通説［編者注：二肢説］の結論が実践的であると考える。

c) 訴訟物と判決対象

　アルヴェド・ブロマイヤーは，訴訟物の別の相対性を提唱した。すなわち彼は，訴訟物と判決対象とを区別することを提唱した[59]。通常の請求権規範の競合の場合，ブロマイヤーも，判決対象は一個であると考えているが，契約による金銭請求とこれに相当する代償請求とを区別しようとしている[60]。すなわち，既判力を契約による請求に限定しようとしている。この種の区別を，通説は正当にも否定する。通説は，申立ておよび当然と理解されかつ当然に限定された生活事実関係によって今日統一的に訴訟物を確定している[61]。

---

55)　たとえば，*Jauernig/Hess* § 37 Rn. 39 ff.
56)　*Zeiss/Schreiber* Rn. 313 も同様。
57)　たとえばすでに，*Rosenberg/Schwab* § 96 IV 3 ; *Rosenberg/Schwab/Gottwald* § 92 Rn. 30 ; *Schilken* Rn. 233, *Lüke* Rn. 165 も同様。
58)　*Braun* § 26 III 3 (S. 414 ff) 参照。
59)　たとえば，*Blomeyer* § 89 III.
60)　*Blomeyer* § 89 III 3 c.
61)　*Rosenberg/Schwab/Gottwald* § 92 Rn. 23 ; *Grunsky* Rn. 116 ; *Jauernig/Hess* § 37

V. 既　判　力

　直前で論じた二つの問題は，すでに既判力の範囲に通じるものである。

　すでに示唆したように，訴訟物は，ドイツ法によれば既判力の範囲について決定的なものである。さらに，裁判所が事実認定を誤ったり，法適用を誤ったり，(競合する)請求権規範を完全に看過した場合にも，判決は完全に既判力を生じる。もちろん問題となるのは，訴訟物を特定する生活事実関係の定義である。

1．既判力についての訴訟法説

　レオ・ローゼンベルクは，彼の教科書の第9版においてもなお，既判力を実体法的に理解するという学説を詳細に検討している。実体法説は以下のように説く。実体法上の権利は，いわば判決によってはじめて完成する。それゆえ，不当な判決は，新たな法的根拠である。これに対し，今日の通説は，正当にも既判力の純粋に訴訟上の失権効を強調している。この失権効は，さらに当事者間で相対的に生じるだけである[62]。シュタインやヘルウィック，またブロマイヤーもなお，拘束力の核心を禁反言と捉えていたのに対し[63]，ローゼンベルクは，ベティヒャーに従って，既判力は既判力によって確定された法的効果について新たな弁論と裁判を一切禁止するという見解を支持した[64]。一事不再理というこの学説は，確固たる地位を占めた[65]。しかし，正当にも今日では，先決

Rn. 34 ff, 41 ff; *Schilken* Rn. 227, 229 ff; *Zeiss/Schreiber* Rn. 306 ff, 311. そして，BGHZ 194, 314 („*Biomineralwasser*"). この見解については *Gottwald*, Die Rückkehr zum klassischen Streitgegenstandsbegriff, Festschrift für Helmut Köhler, 2014, S. 173 参照。

62) *Jauernig/Hess* § 62 Rn. 7, 11 参照。
63) *Blomeyer* § 88 III 2 (S. 471 f).
64) *Rosenberg* § 148 II 1 (S. 736 ff), § 148 II 4 (S. 739).
65) *Rosenberg/Schwab* § 152 III 2 ; *Adolphsen* § 28 Rn. 10.

関係の場合の第二の訴えについては，拘束力の要請（禁反言）が決定的であるということが強調されている。蒸し返しの禁止と禁反言は，その限りにおいては同一の拘束力を生じるものである[66]。

既判力は将来の裁判官だけを規制するものであり，当事者は既判力の作用を受けるものではないということが，一部で唱えられている[67]。しかし，この見解は，あまりにも極端であるように思われる。シュワープの見解に従い，（ドイツの民訴以外の訴訟法においても明文で定められているように）[68]当事者は，民事の確定判決を当事者間の関係においても顧慮しなければならないという見解[69]を支持する。

2．既判力と先決問題

ドイツ法（民訴 322 条 1 項）によれば，既判力は，請求についての判断に限定される。付随的に判断される先決問題，すなわち先決的な法律関係についての判断には——他の多くの法秩序におけるのとは異なり——既判力は生じない。このことは，ローゼンベルク[70]とシュワープ[71]の教科書でも争いのないことであり，今日でも変わりはない[72]。

3．一部請求の場合の既判力

既判力が訴訟物に限定されるということは，一部請求についても同様であ

---

66) *Zeiss/Schreiber* Rn. 563. Für vermittelnde prozessuale Rechtskraftlehre Schilken Rn. 1011 ; *Jauernig/Heß* § 62 Rn. 18.

67) たとえば，*Jauernig/Heß* § 62 Rn. 5 ; *Lüke* Rn. 359 ; *Schilken* Rn. 1011.

68) たとえば，§ 121 Nr. 1 VwGO.

69) *Rosenberg/Schwab* § 152 III 3 ; *Rosenberg/Schwab/Gottwald* § 151 Rn. 9.

70) *Rosenberg* § 150 II 1 (S. 752).

71) *Rosenberg/Schwab* § 154 III 2 (S. 980).

72) *Rosenberg/Schwab/Gottwald* § 153 Rn. 9 ff, 14 ff ; *Adolphsen* § 28 Rn. 21 ; *M. Schwab* Rn. 354 ; *Zeiss/Schreiber* Rn. 573 ; *Schilken* Rn. 1024 ; *Lüke* Rn. 362 ; *Jauernig/Heß* § 63 Rn. 17.

る。裁判所は，訴求された請求部分が存在するのかしないのかだけを裁判する。原告が，より多くまたは別の請求権を有するかということは，裁判されない[73]。したがって，残部請求は常に可能である。これに対し，別の教科書では，二つのケースについて既判力の拡張を認める。すなわち，(1) 一部請求が，請求棄却された場合には，その余の一部請求は排斥されると説かれている。そして，(2) 黙示の一部請求についての請求認容判決は，同時に原告にはそれ以上のものは帰属しないということを確認するものであると説かれている[74]。この二つの問題は，教科書においても依然として議論のあるところである[75]。ヤウエルニッヒ／ヘスによれば，いずれにせよ黙示の一部請求が一部棄却された場合には，新たに訴えを提起して行われる残部請求は排斥される[76]。しかし，この見解には説得力がない。なぜならば，裁判所は，提起された訴えの申立てを一部棄却したにすぎず，それを超える部分については判決を下していないからである。しかしながら，残部請求が可能であるかといえば，きわめて厳しい。多くの場合，残部請求は，その間に完成した消滅時効によって妨げられたり，第一訴訟で主張した額を超える債権を主張立証することがきわめて困難であることによって妨げられる。それゆえ，そうこうするうちに実務では，一部請求が明示の一部請求として提起されたのか黙示の一部請求として提起されたのかを問わず，既判力は判決を求めて提起された部分に厳格に限定されるという見解が確立したのである[77]。ブラウンは，これを厳しく批判する。ブラウンの考えによれば，同一の犯罪行為を理由として二度目の刑事訴追をしたとしても，これは排斥されるのである。しかし，この対比は的外れである。なぜならば，ドイツ法は一部請求を許容しているからである。さらに，残部請求を危惧する

---

73) たとえば，*Rosenberg* § 150 I 3a (S. 750).

74) *Bruns*, Zivilprozessrecht, 2. Aufl. 1979, S. 371 f.

75) *Lüke* Rn. 360 (S. 332 f) 参照。

76) *Jauernig/Hess* § 63 Rn. 12.

77) *Rosenberg/Schwab* § 156 III；*Zeiss/Schreiber* Rn. 581, 583；*Schilken* Rn. 1029；*Rosenberg/Schwab/Gottwald* § 154 Rn. 15 ff；*Adolphsen* § 28 Rn. 34 ff. これに批判的なのは，*Braun* § 30 II, III.

被告は，消極的確認の訴えを提起できるのである。最後に，——すでに訴訟費用負担のリスクを理由として——理由もなく第二訴訟において残部請求をする者はほとんどいないであろう[78]。

4．既判力と形成権

その他，いまだに論争の対象となっているのは，基準時後の形成権行使と既判力の問題である。既判力は，事実関係と法効果を事実審の口頭弁論終結の時点において時的に確定する。このことからローゼンベルクは正当にも，既判力は権利を消滅させる形成権の基準時後の行使を遮断しないという結論を導いた[79]。もちろん，通説は，法律上の形成権の行使が客観的にすでに口頭弁論終結時前に可能であった場合には，この形成権行使は遮断されるというものである[80]。シュワープの立場は折衷説であった。すなわち，シュワープによれば，権利者がその権利を行使しなかったことに帰責性がある場合には，遮断効が及ぶというものであった[81]。

VI．証　拠　法

1．証明責任の分配

ローゼンベルクの教科書では，訴訟資料の収集は弁論主義により当事者の責任とされている。裁判所は，釈明権ないし釈明義務を用いて必要がある限りにおいて，補充的に当事者に必要な事実資料の提出を促さなければならない[82]。

---

78) さらに扶養料については，原告は疑わしい場合には自己の請求権全額を訴求したということが推定される。慰謝料についても同様である。したがって残部請求は，後発的に発生した後遺症損害に基づく場合にだけ許容される。

79) *Rosenberg* § 150 III 2 (S. 756). *Blomeyer* § 90 II 2 も同様である。

80) これについては，*Schilken* Rn. 1045；*Zeiss/Schreiber* Rn. 591；*Lüke* Rn. 367；*Rosenberg/Schwab/Gottwald* § 155 Rn. 7, 9 参照。

81) *Rosenberg/Schwab* § 156 I (S. 977 f.) *M. Schwab* Rn. 379 も同様である。

82) *Rosenberg* § 63 II 3a (S. 295).

いずれの当事者が主張し証拠を提出しなければならないかは，ローゼンベルクによれば結局証明責任の分配を基準として定まるのであり，証明責任の分配も実体法を基準として定まるのである[83]。彼の証明責任の分配基準によれば，（簡略化していえば）それぞれの当事者が自己に有利な事実を主張立証しなければならない。

　この点については，結局今日もなおすべての教科書が，ローゼンベルクの見解に従っている[84]。確かにライポルトは，1966 年に規範説を批判して以下のように説いた。すなわち，権利障害事実を誰が証明しなければならないかは，規範説を用いて決めることができない。しかし，法律の文言を基準とするのであれ法律の解釈を基準とするのであれ，いずれにせよ例外は問題となるのであるから，権利障害事実についての証明責任を被告に負担させることは正当化される[85]。私は，「修正された規範説」という用語を用いている[86]。

　1970 年代および 1980 年代においては，証明責任は大きなテーマであった。その契機となったのは，証明がない場合に請求権規範の不適用をどのように論理的に説明できるかということであった。プリュッティングは，証明がない場合の法規不適用を説明するためには，補助的な特別の「操作規則」が必要であると考えた。カール・ハインツ・シュワープは，この見解を積極的に評価したが，結局，操作規則の考え方によって実体法による証明責任の分配に何ら変更があるわけではないという結論に至った[87]。最近の文献では，補助的な操作規則という考えはもはや見出せない。規範の要件が証明されなければ，有利な規範は適用されないという基本的な考えは，維持されている[88]。

---

83)　*Rosenberg* § 114 III.
84)　*Jauernig/Hess* § 50 Rn. 11 ; *Adolphsen* § 23 Rn. 61 ff ; *Schilken* Rn. 503 ff.
85)　すでに，*Rosenberg/Schwab* § 118 II 2 (S. 718) に記されている。*Braun* § 46 II 2 (S. 720 ff) で詳細に紹介されている。
86)　*Rosenberg/Schwab/Gottwald* § 115 Rn. 10.
87)　*Rosenberg/Schwab* § 118 II 2 (S. 717).
88)　*Adolphsen* § 23 Rn. 60 ; *Braun* § 46 I 1 (S. 714) ; *Jauernig/Hess* § 50 Rn. 11 ; *Lüke* Rn. 276 ; *Schilken* Rn. 502 ; *M. Schwab* Rn. 493 ; *Zeiss/Schreiber* Rn. 462.

なぜ実体法は証明責任をそのように分配し，それと異なる分配をしていないのかということは，さまざまな理由に基づいている。すなわち，現状の保護や，社会的保護，法的平和，証拠との距離などである。しかし，これらの理由のいずれも，それ自体として直接適用可能な証明責任準則を形成するものではない[89]。1970年代に多くの支持者を得た危険領域を基準とする証明責任の分配は，そうこうするうちに蓋然性を基準とする証明責任の分配と同様，せいぜいいくつかの事例類型についてあるいは適切な法律の規制の枠内で受け入れられてはいる。それ以外については，蓋然性を顧慮することは証拠評価の一部であり，証明責任は証拠評価が結論を導くことを許さない場合にはじめて作用するということが強調される[90]。

2．証　明　度

ローゼンベルクによれば，裁判官が自由な方法で必要とされる確信を得ることができれば，証明がなされたことになる。確信を得るために経験則と生活規範を顧慮しなければならないことは，ローゼンベルクにとって自明のことであったが，それ以上のことを問題としていない。いわゆる典型的事象経過における表見証明についても，ローゼンベルクは小活字で簡潔に論じているにすぎない[91]。

裁判官の確信をはじめて一定の証明度と結びつけたのは，シュワープである――コモンローにおけるように――優越的な蓋然性で十分であるという見解を，シュワープは否定した。

そもそもシュワープは，蓋然性に結びつけることを避けようとし，それゆえ真実についての確信という立場を堅持した。確かに絶対的な確信は必要ではな

---

89)　*Rosenberg/Schwab/Gottwald* § 115 Rn. 15.
90)　*Rosenberg/Schwab* § 118 II 3 b ; *Schilken* Rn. 506. *Prütting*, Beweislast und Beweismaß, ZZP 123 (2010), 135 参照。
91)　*Rosenberg* § 111 IV 3a (S. 543).

いが[92]，蓋然性を中心に考えることができるのは，実体法に従う場合に限られる[93]。損害評価の枠内に限って，裁判官は完全な確信がなくても裁量によって判断することが許される[94]。

今日一部の学説は，裁判官が確信を得ることが許されるために，「確実性に隣接しあらゆる合理的な疑いを排除する蓋然性」を要求する[95]。しかしこれは，非常に理想化された考えである。積み上げられる事実は，当事者の争いのない陳述（民訴138条3項）に基づくものもあり，その真実性を評価することができないこともしばしばあるだけに，なおさらである。それゆえ，連邦通常裁判所の見解に与して，「実生活に利用可能で疑いに沈黙を命じる程度の確実性」[96]を基準とする方が有意義である。その他，証拠評価が恣意的になされないようにするために，裁判官は，その確信を追検証可能なように理由付けることが要求される[97]。

私自身は，――すでに以前イギリスのデニング卿がそうであったように――裁判官は常に自己の確信に従って判断しなければならないという見解に賛成である。しかしこの確信は，具体的に確定された事実や，一般的な生活上の経験，係争物の重要性などに応じて，確実性に違いがある。その際，証明されるべき事実の「蓋然性」は，計算可能な統計的な蓋然性とは何の関係もなく，主観的に感覚として得られた確信の程度を表しているのである。これが認識されれば，証明度は，実際に柔軟で実践的に等級化される[98]。

---

92) BGHZ 53, 245, 256 (Fall „Anastasia"（アナスタシア事件))．
93) 今日ではブラウンも同旨。*Braun* § 47 I 5 (S. 740).
94) *Rosenberg/Schwab* § 113 II.
95) たとえば，*Schilken* Rn. 489.
96) たとえば，*M. Schwab* Rn. 485 ; *Zeiss/Schreiber* Rn. 452 ; *Lüke* Rn. 257 ; *Jauernig/Hess* § 49 Rn. 4.
97) たとえば，*Jauernig/Hess* § 49 Rn. 18 は，正当である。
98) *Rosenberg/Schwab/Gottwald* § 113 Rn. 13 ff. これに類するものとして，*Adolphsen* § 23 Rn. 54. 最近同様の立場を採るものとして，*Rüßmann*, Das flexible Beweismaß – eine juristische Entdeckung, Festschrift für Gottwald, 2014, S. 539.

3.違法収集証拠の利用

違法収集証拠を顧慮し利用することが許されるかという問題は、ドイツにおいては法律によって規定されていない。裁判の真実性と正当性は利用を肯定するが、プライバシー領域の保護と罰せられるべき行為の禁止は利用を否定する。

確かにローゼンベルクは、たとえば反証のための当事者尋問（民訴445条2項）のような法律上の規定に基づく証拠方法の不適法性を検討してはいるが、違法収集証拠については触れていない[99]。カール・ハインツ・シュワープは、場合を分けている。すなわち、提出を請求する権利が成立する場合には、違法収集という事実によって証拠方法の利用が妨げられることはない。しかし違法収集によってたとえば一般的な人格権のような当事者の基本権が侵害される場合には、逆にその証拠方法の利用は排斥される[100]。この見解は、今日もなおほとんど通説として説かれている[101]。したがって、秘密裏に行われた盗聴や、電話の録音、監視ビデオ、その他類似のものによる証拠は、基本的に排斥される。しかし、個々の事例においては悪質性が考量され、一種の正当防衛状態であった場合には利用が許される[102]。

ブラウンは、多少異なる場合分けをしている。すなわち、証拠方法の返還（損害賠償）請求権が成立する場合には、利用は不適法である。これに対し、他の者から取得した違法な知識を利用することまたはこれを鑑定によって評価することは、そうすることによって新たな人格権侵害が生じる場合に限って、不適法である[103]。

---

99) *Rosenberg* § 111 II 2 (S. 541); *Nikisch*, Zivilprozeßrecht, 1950, § 85 II 1 も同様。
100) *Rosenberg/Schwab* § 113 IV 2 b; *Blomeyer* § 74 II 2 a (S. 398) も同様。
101) *Adolphsen* § 24 Rn.1 ff; *Rosenberg/Schwab/Gottwald* § 110 Rn. 22 ff; *M. Schwab* Rn. 479; *Zeiss/Schreiber* Rn. 44.
102) *Lüke* Rn. 288; *Schilken* Rn. 474.
103) *Braun* § 48 II 3 b (S. 764 ff).

4．営業の秘密保護のための「秘密手続」

　基本的に当事者公開の原則（民訴357条1項）は，裁判所だけが自由に使用することができ両当事者は自由に使用することができるわけではない証拠方法は，証明のために利用することが許されないという結論をもたらす。ローゼンベルクの教科書では，この点について例外はない[104]。カール・ハインツ・シュワープの教科書によっても，これに対する違反があれば，証拠調べの利用が妨げられる[105]。

　しかしながら，特定の事例においては，相手方が当事者公開を利用して営業の秘密を知りこれを利用するという危険が存在する。それゆえ，代理商の報酬をめぐる争いについて商法87 c条4項は，事業主は商業帳簿の閲覧については，決済の正当性を検査できるよう，会計士または帳簿鑑定人だけに（代理商を排除して）これを認めなければならないと規定している。特許法140 c条1項3号，3項2号，140 d条1項2号によれば，裁判所は，営業の秘密を保護するため同様に，文書や物の提出が係属中の訴訟手続の中だけで利用できるように，措置をとることができる[106]。それゆえ一部では，その他の比較しうる事例においても，デリケートな証拠を直接知らせないよう相手方当事者を排除することは適法であるという考えが，認められている[107]。しかし，多数説は，これを不適法であるとみなしており，それゆえ問題の当事者は，自己の請求の証拠を放棄するかそれとも自己の秘密（場合によってはネガティブな結果）を明らかにするかという選択を迫られるのである。

---

104) *Rosenberg* § 24 IV 3 (S. 99).
105) *Rosenberg/Schwab* § 119 V 3 (S. 734). 今日では，*Schilken* Rn. 487 も同様。
106) *Stadler*, Geheimnisschutz im Zivilprozess aus deutscher Sicht, ZZP 123 (2010), 261, 279 ff. を参照。
107) これについては，*Musielak/Stadler*, ZPO, 11. Aufl. 2014, § 284 Rn. 25, § 357 Rn. 4；*Wagner* ZZP 108 (1995), 193, 212；*Rosenberg/Schwab/Gottwald* § 116 Rn. 44；*Jauernig/Hess* § 51 Rn. 22 (mit Hinweis auf § 99 VwGO).

VII. 当事者の法的地位

1．当事者概念

　20世紀初頭からドイツにおいては，形式的当事者概念が通説である。すなわち，実体法とは無関係に，訴えた者が原告であり，訴えられた者が被告なのである。この記述は，ローゼンベルクの教科書にも，シュワープの教科書にもあり，そのまま私の教科書にもある[108]。当事者の実体法上の地位は，もちろん民衆訴訟を除いての話だが，付加的な訴訟要件と理解される訴訟追行権についてはじめて意味をもつ[109]。破産管財人や遺言執行者，その他の職務上の当事者は，通説によれば当事者そのものであって本来の権利義務の帰属主体の代理人ではないが，その限りにおいては管理処分権を有する財産に責任を負うので，シュワープは，デ・ボーアとヘンケルに従って機能的当事者概念に関して形式的当事者概念を補充した[110]。ブラウンの教科書では，この補充は形式的当事者概念の弱点を示すものであり，すでに当事者概念において実体法との関係を顧慮する必要性が示されている[111]。

2．当事者の義務

　ローゼンベルクは，極度に理詰めの概念法学に囚われていた。たとえばローゼンベルクは次のように記している。すなわち，「しかし，基本的に当事者は……裁判所に対しても……相手方に対しても……行為義務を負っていない。当

---

108) *Rosenberg* § 39 I 1 ; *Rosenberg/Schwab* § 40 I 1 ; *Rosenberg/Schwab/Gottwald* § 40 Rn. 1 ff ; *Blomeyer* § 6 I 2, 3 ; *Grunsky* Rn. 73 ; *Jauernig/Hess* § 18 Rn. 11 ; *Zeiss/Schreiber* Rn. 124 ; *Lüke* Rn. 98 ; *Adolphsen* § 7 Rn. 6, 13 ; *M. Schwab* Rn. 17 ; *Schilken* Rn. 75 も同様である。

109) *Zeiss/Schreiber* Rn. 128, 129.

110) *Rosenberg/Schwab* § 40 I 1, III 2 ; *Rosenberg/Schwab/Gottwald* § 40 Rn. 6, 13 ; *M. Schwab* Rn. 18 も同様である。

111) *Braun* § 22 I 4 (S. 334).

事者はそれぞれ自己の利益によって行動するよう駆り立てられるだけである。……なぜならば敗訴するという危険が存在するからである」。それゆえ，当事者は行為責任を負うだけであると説かれている[112]。

しかし，法律は自ら，真実義務（民訴138条1項）や本人の出廷義務（民訴141条），証拠方法の提出義務（民訴142条，144条），適時提出義務（民訴82条1項）という用語を用いているので，最近の文献では，これと乖離する事情が法律上認められない限り，当事者の義務も認められている[113]。もちろん，義務と責任の相違は相対的なものにすぎない。義務の概念を直接に強要することができる行態に限定しないで，不作為の消極的な効果も結局は義務違反の効果であるということを認めるならば，せいぜい程度の違いがあるにすぎない[114]。

3．当事者の解明義務

証明責任を負う当事者の相手方当事者が，資料収集ないし事案解明に寄与する義務を負うかということは，ローゼンベルクにとっては，まだまったくテーマになっていなかった。

これに対し，ブロマイヤーは，相手方が解明義務を負う場合に証明責任を緩和することができるということをすでに考えていた。ブロマイヤーは，そのために個々の法律上の規定を考えていたが，一般的な訴訟上の協働または解明義務を否定している[115]。確かにカール・ハインツ・シュワーブは，証明責任を負っていない当事者にも解明義務があるというシュトゥルナーの学説を記してはいる[116]。しかし，シュワーブは，自己の立場を明らかにしないで，この学説を

---

112) *Rosenberg* § 2 II 3 b, § 76 II 1.

113) *Rosenberg/Schwab* § 2 III 2 ; *Blomeyer* § 30 VII ; *Rosenberg/Schwab/Gottwald* § 2 Rn. 14 f ; *Schilken* Rn. 77 ; *Jauernig/Hess* § 26 Rn. 1 ff. *Zeiss/Schreiber* Rn. 195 ff 参照。

114) *Braun* § 13 I 2 (S. 192), vor § 39 (S. 604).

115) *Blomeyer* § 69 V (S. 370).

116) *Rosenberg/Schwab* § 118 VI 2.

単に紹介しているだけである。

　もちろんロルフ・シュトゥルナーは，民訴138条1項による当事者の真実義務を彼の学説の論拠にはしていない。この義務は，法律によって明文で完全陳述義務を含んでいる。それにもかかわらず，この義務は，ほとんどの著者によって単なる嘘の禁止ということに弱められている[117]。しかし，真実義務は結局事実の提出に関する当事者の自由について何ら変更を加えるものではないのか[118]は，はっきりしない。結局，連邦通常裁判所は，変更を加えるものではないという立場を採った[119]。それゆえ，最近の教科書は，現行法上一般的解明義務を否定する方が優勢であるが[120]，一般的解明義務を強制的な結論と考えるのではなく，一部には改正の必要性を提言するものもある[121]。しかし，最近，強力な反対もある。ヨハン・ブラウンの見解はきわめて際立っている。すなわち，裁判官の審問と解明義務による当事者相互の尋問は，機能的に等質である。解明義務は，私法の基本思想と矛盾する[122]。多くの法秩序がこのことをそのように考えていないということを，ブラウンはまったく公表していない。

　しかし，私の報告が誤解を招かないように述べておくと，判例は個々の事例において，情報が偏在する場合でかつ事件について詳細に報告することを相手方に期待できる場合には，信義則（民法242条）によっていわゆる二次的な主張責任と証明責任をなんとか認めている[123]。

---

117)　たとえば，*Rosenberg* § 61 VII 4 ; *Rosenberg/Schwab* § 65 VIII ; *Zeiss/Schreiber* Rn. 202, 203 ; *Schilken* Rn. 155.

118)　たとえば，*Braun* § 6 III 1 ; zur Problematik zuletzt Prütting, Wahrheit im Zivilprozess?, Festschrift für Gottwald, 2014, S. 507. これに批判的なものとして，*Gilles*, Zur Demontage des Wahrheitspostulats im Zivilprozess, Festschrift für Gottwald, 2014, S. 189.

119)　BGH NJW 1990, 3151.

120)　*Adolphsen* § 21 Rn. 3 ; *Rosenberg/Schwab/Gottwald* § 109 Rn. 8 ; *Schilken* Rn. 155.

121)　たとえば，*Jauernig/Hess* § 26 Rn. 12, 14, 16.

122)　*Braun* § 6 V (S. 105).

123)　*Rosenberg/Schwab/Gottwald* § 119 Rn. 15 を参照。

4．当事者の訴訟行為

　ローゼンベルクは，訴訟を形成する行態をすべて訴訟行為とあらわした。適切に当事者の訴訟行為をするためには弁論能力を含め訴訟能力が必要であり，当事者の訴訟行為は条件になじまないものである[124]。実体法上の意思表示とは異なり，訴訟行為は，――直接的な形成的効力を有しない限り――自由に撤回できるが，意思の瑕疵を理由としてこれを取り消すことはできない[125]。単独の訴訟行為については，上述の点に争いはない。しかし，手続における法律行為と訴訟契約による訴訟行為の区別ははっきりしない。

a）認　　諾

　実際に実体法上の効果を伴う純粋な訴訟行為の典型例は，認諾である。ローゼンベルクは，認諾は訴訟上の認諾（民訴 307 条）と実体法上の債務承認（民法 781 条）からなる併存的な行為であるという見解を明確に否定している。同時に，ローゼンベルクは，両者の違いを詳細に示している[126]。ローゼンベルクの見解は，ほとんどそのままカール・ハインツ・シュワーブの教科書と私の教科書で示されている[127]。ローゼンベルクの見解は，完全な通説に相当する[128]。訴訟上の認諾は認諾判決が下された後もなお意思の瑕疵を理由として取り消すことができるという反対説[129]は，普及していない。通説は，再審事由が存在する場合に限って撤回を認める[130]。ブラウンも，結局，認諾を純粋な訴訟行為で

---

124) *Rosenberg* § 59, 1 (S. 271).
125) *Jauernig/Hess* § 30 Rn. 20 f, 26, 29 ff.
126) *Rosenberg* § 131 I 6 b - d (S. 647 f).
127) *Rosenberg/Schwab* § 134 IV 7 ; *Rosenberg/Schwab/Gottwald* § 132 Rn. 64 ff. 同様に，*Blomeyer* § 62 IV 2 (S. 326).
128) *Adolphsen* § 15 Rn. 2 ; *Lüke* Rn. 235 ; *Schilken* Rn. 590.
129) たとえば，*Arens*, Willensmängel bei Parteihandlungen im Zivilprozeß, 1968, S. 205 ff. これに従うものとして，*Lüke* Rn. 235.
130) *Blomeyer* § 62 IV 2 (S. 327) ; *Jauernig/Hess* § 47 Rn. 10f ; *Rosenberg/Schwab/Gottwald* § 132 Rn. 62 ; *Pohlmann*, Zivilprozessrecht, 3. Aufl. 2014, Rn. 514 ; *Zeiss/Schreiber* Rn. 422.

あると考えている。もちろんブラウンの考えによれば，裁判官の目から見れば，認諾はあたかも同時に実体法において定められている法律行為であるかのようにみなされる[131]。

b）訴訟上の和解

ローゼンベルクの教科書によれば，訴訟上の和解は，係属中の訴訟を終了させるための純粋に私法上の契約であって，訴訟行為ではない[132]。他の教科書は，訴訟上の和解を行為の併存，すなわち実体法上の和解契約と訴訟契約の並存であると考えていた。併存説によれば，実体法上の瑕疵は訴訟上の効果に影響を及ぼさないし，逆もまた然りであるが，その結論は不合理であった。連邦通常裁判所やブロマイヤー[133]，カール・ハインツ・シュワーブ[134]の見解に与して，今日では訴訟上の和解が二つの性質を有するということが一般的に承認されている。それゆえ，訴訟上の和解が有効であるのは，訴訟上の和解が実体法上も訴訟法上も有効である場合に限られる[135]。

c）相　　殺

ローゼンベルクは，私法上の形成行為としての相殺の意思表示と意思表示のあった相殺を訴訟上主張することが，しばしばそうであるようにたとえ同時に行われるとしても，この両者を区別した。ローゼンベルクは，以下のように記している。相殺は，裁判所の管轄を顧慮することなく許される純粋な防御方法である。しかし，相殺の抗弁については既判力を有する判断が下されるので（民訴322条2項），相殺の主張は自働債権の訴訟係属を生じさせる。したがって，この自働債権を別訴で請求することはできないし，すでにこの自働債権が別訴で訴訟係属している場合には，これを相殺に供することはできないのであ

---

131) *Braun* § 45 I 2 c (S. 697).
132) *Rosenberg* § 128 I 1 (S. 622).
133) *Blomeyer* § 65 II 6 (S. 342).
134) *Rosenberg/Schwab* § 132 III 1 c (S. 816).
135) *Rosenberg/Schwab/Gottwald* § 130 Rn. 32 f；*Schilken* Rn. 652；*Adolphsen* § 16 Rn. 43；*Grunsky* Rn. 147；*M. Schwab* Rn. 323；*Lüke* Rn. 252；*Paulus*, Zivilprozessrecht, 4. Aufl. 2010, Rn. 704；*Zeiss/Schreiber* Rn. 517；*Braun* § 44 II 1.

る[136]。

しかし，相殺は通常は予備的に意思表示されるだけであるが，民法388条2文は条件付きの相殺を禁止しているので，ニキッシュは，訴訟上の相殺を独自の制度すなわち純粋な訴訟行為であると考えた[137]。

カール・ハインツ・シュワープは，いずれにせよ正当にも，予備的抗弁は真の条件ではなく，相殺が重要かつ有効となるための法的な前提にすぎないことを論証した[138]。シュワープは，ローゼンベルクのように，自働債権が相殺の意思表示によって訴訟係属することを肯定するが，彼の考えでは，相殺の自働債権はすでに係属中の債権と二重起訴の関係に立つのではなく，相殺がなされたことによって先に訴訟係属した給付の訴えに権利保護の利益が欠けるのである[139]。

これに対して私は，今日の通説に与して相殺に供された反対債権の訴訟係属を否定する。被告が，すでに別訴で訴求している債権を用いて相殺をするのか，それとも相殺に供された債権を新たに訴求するのか，それともこの債権を用いて第三の手続で更に相殺をするのかということは，被告が決めるべきことがらである[140]。

今日の通説によれば，訴訟上の相殺は，二つの性質を有する行為である。効力を生じるためには，訴訟上の相殺が，実体法上も訴訟上も適法でなければならない[141]。もちろん裁判所が訴えを相殺を理由として請求棄却する場合には，

---

136) *Rosenberg* § 104 I 1, II 1 (S. 502 f)；*Blomeyer* § 60 I 1 a (S. 310), § 89 VI 2 b (S. 497).

137) *Nikisch* § 68 II (S. 265 ff).

138) *Rosenberg/Schwab* § 106 II (S. 634 ff). これを支持するものに，*Rosenberg/Schwab/Gottwald* § 103 Rn. 19 ff；*Jauernig/Hess* § 45 Rn. 7；*Schilken* Rn. 434；*M. Schwab* Rn. 549, 552. これと異なる立場を採るものとして *Braun* § 33 I 2.

139) *Rosenberg/Schwab* § 106 IV 2 (S. 639).

140) *Rosenberg/Schwab/Gottwald* § 103 Rn. 25 f；*Adolphsen* § 12 Rn. 42；*Schilken* Rn. 439；*M. Schwab* Rn. 557 ff；*Braun* § 35 IV 1 (S. 528 f). これと異なる見解として，*Zeiss/Schreiber* Rn. 394 f.

141) *Jauernig/Hess* § 45 Rn. 2；*M. Schwab* Rn. 545；*Zeiss/Schreiber* Rn. 390.

自働債権が独立して訴訟物として主張された訴訟における原告にとっては，必然的に不利な結果となる。

もちろんこれまでと同様に，自働債権について国際裁判管轄が認められ，かつ自働債権が仲裁の合意に服するものでないことが，相殺の要件であるかということについては争いがある[142]。

d）訴訟行為と信義則

ローゼンベルクによれば，すべての訴訟行為が信義則（民法242条）の適用を受けるが，信義則違反の場合の具体的効果については明らかにされていない[143]。ブロマイヤーは，権利保護の利益が欠けることを理由にするにせよ制裁（民法162条2項類推）としてであるにせよ，当事者の悪意のある行態は，無効でなければならないと考えた。カール・ハインツ・シュワープは，次のように記している。すなわち，当事者の行態が信義則に反する場合，その行態は裁判所によって退けられなければならず，不当な性格がなければ認められた効果をその行態に認めることができないのである[144]。具体的に，悪意のある訴訟追行の禁止原則が禁じているのは，(1)訴訟状態の不当形成と(8)矛盾挙動である。この禁止原則は，(3)訴訟上の権能の失効と(4)濫用事例においては，訴訟行為が顧慮されないという効果を発生させる可能性がある[145]。したがって，誠実な当事者は保護されるのである。

---

142) 否定説として，*Jauernig/Hess* § 45 Rn. 9, 50 ff. *Schilken* Rn. 359 も疑問を呈している。

143) *Rosenberg* § 61 VII (S. 289).

144) *Rosenberg/Schwab* § 65 VII (S. 390). 同様に，*Rosenberg/Schwab/Gottwald* § 65 Rn. 49. 類似の立場を採るものとして，*Jauernig/Hess* § 30 Rn. 32；*Pohlmann, Zivilprozessrecht*, 3. Aufl. 2014, Rn. 288；*Musielak/Voit* Rn. 163.

145) *Rosenberg/Schwab/Gottwald* § 65 Rn. 50 ff；*Schilken* Rn. 147 ff；*Zeiss/Schreiber* Rn. 197 ff. 参照。

VIII. 結論と展望

　この概説を続けることはもちろんできる。しかし，いずれにせよドイツ訴訟法理論の重要な基本的要素のいくつかをこれまで検討したことからは，以下のことが明らかになった。すなわち，ほとんどすべての基本概念が，すでに1930年代には，その内容を見出していたということである。確かにそれ以来，これら概念は，精緻化され若干の変遷はあったが，根本的な変更はない。一部の批判は，たいてい功を奏することもなかったし，実務によって攻撃されることもなかった。そのような批判も，伝統的なドグマとともにこの先も存続することが予想される。

　もちろんこのことは，民事司法が過去80年間変化しなかったということを意味するものではない。

　裁判官の準備の後に集中的な口頭弁論が実施されるシュトゥットガルト・モデル（裁判所と当事者の訴訟促進義務を伴う）[146]をすでに指摘した。しかし，このモデルが同時に「社会的民事訴訟」をもたらすことになるかという問題については，この考えは大部分において何の効果も発揮しない。今日多くの裁判官は，その職務をどちらかといえば官僚的に執行している。裁判官の指摘義務は（残念ながら），非常に抑制的に行使されるだけである。とりわけこのことは，両当事者が，弁護士によって代理されている場合にあてはまる。

　訴訟の日常を変化させたのは，弁論能力の拡張，すなわち弁護士許可の地理的制限と審級的制限が，順次撤廃されたことである。連邦通常裁判所を除けば，今日ではすべての弁護士が，すべての裁判所で活動できるのである[147]。しかし，2007年のリーガルサービス法は，非弁護士による代理を簡易裁判所における当事者訴訟においても厳しく制限した（民訴79条2項2文）。

---

146)　*Rosenberg/Schwab/Gottwald* § 81 Rn. 3.
147)　*Rosenberg/Schwab/Gottwald* § 45 Rn. 5.

訴訟行動に著しい影響を与えたのは，2001年の上訴改正であった。この改正によって，第二の第一審であった控訴審は，統制する審級に変容し[148]，上告の機会は，基本的に重要な問題に制限された[149]。

基本的な変更は，さらに2020年まで予定されている。それまでにドイツの立法者は，(新たな) 文字による書面を廃止し，電子書面を導入する予定である。裁判官は，ただパソコンの画面に向かって仕事をするだけとなるといわれている。弁護士と裁判官そして弁護士同士の書面のやりとりも，通常はパソコンを用いて行われることになるといわれている。そのために裁判所には電子郵便私書箱が設置されるといわれている。そのときには，どの弁護士も弁護士の電子私書箱をもたなければならない。本当の書面は，機会が機能しない場合に例外ケースとして許されるだけだといわれている[150]。この変更が，訴訟を促進させるのか，それとも容易に電子的に蓄積し加工するために強力に形式化が進むのかは，そのときになってみないとわからない。いずれにせよ，この限界に達する根本的な変革によって，新たな訴訟原則と理論構造がもたらされることが考えられる。

---

[148] 今日の控訴審の審判の範囲については，*Rosenberg/Schwab/Gottwald* § 138 Rn. 31 ff. 参照。

[149] *Rosenberg/Schwab/Gottwald* § 141 Rn. 2 ff.

[150] Gesetz zur Förderung des elektronischen Rechtsverkehrs mit den Gerichten vom 10. 10. 2013, BGBl I 3786 参照。この法律については，*Müller-Teckhof,* Gesetz zur Förderung…, MMR 2014, 95；*Schürger,* Einführung der E-Akte, DRiZ 2014, 92；Treber, Virtuelle Justizkommunikation ante portas, NZA 2014, 450 参照。

第2章　ドイツにおける集合的権利保護
——投資者ムスタ手続法にとどまるのか，さらに拡大するのか——

訳　二　羽　和　彦
　　芳　賀　雅　顯

I. 序　　　論

　大規模損害の事例はきわめて多い。たとえば，飛行機の墜落，列車の事故，豊胸手術のミス〔訳者注：たとえば，シリコンに問題がある場合〕，薬害，カルテルによる市場関係者の損害，投資とその安全性または収益性に関する欺罔による投資家の損害，無価値の債務担保証券（Collateralized Debt Obligations）の販売，無価値の不動産の販売，さらにはパッケージに実際よりも多い数量を表示した商品（内容量500グラムと表示していながら実際は490グラムしかない）の大量販売，少額の銀行手数料が計算間違いで徴収された場合などである。
　これらの事例では，個々の紛争を別個に扱うということは，裁判所の立場からすると，同種の申立て，同種の証拠調べなどが不必要に繰り返されることになる。そこから，この種の紛争では，一つの手続においてすべての関係者を拘束する裁判をする方が効率的なのではないかとの考えが生まれてくる。すなわち，少額・拡散損害（Streuschäden）の場合，個々人が別個に権利追求を行うだけの価値はないが，そのような取引を防ぎ，またそれによって得た利得を剝奪するための手続を別途に設けるべきではないのか。
　こうして，我々は集合的権利保護の問題に直面する。ヨーロッパ委員会は，この問題を「訴訟経済および／または効率的な権利追求を根拠にした，同種多数の法的請求権を一つの訴えにまとめることを可能にする手続上の制度」のす

べてであると考えた[1]。

II. 個別訴訟か共同訴訟か

　関係者の立場からすると，集団訴訟は必ずしも望ましいものではない。無価値の証券や膨大な損失をもたらす（不動産）ファンドへの出資の署名人，無価値の不動産の買主，または大規模事故の犠牲者は，数が多く，また同種の被害者であるが，損失または損害賠償請求権の額について，自己の債権を別個独立して主張することに関心がある。この種のケースを専門とする弁護士は，被害者に訴訟委任の宣伝をするが，これはさしあたり適法である。もっとも，弁護士費用が逓減料率である結果，個別訴訟による場合は共同訴訟による場合よりも明らかに多くの手数料が得られるので，抗告拒絶に対する異議申立権が生じる上訴最低限額（20,000ユーロ）を確保する必要がないのであれば，弁護士はいずれにしても個別訴訟の方を好む。だが，多くの個別訴訟の原告が同一の弁護士によって代理される場合には，被告はその防御を幅広く構成することができるのに対し，理由付けが不十分な複数の訴えが一部で提起されるという，よく文句の出る危険がのしかかってくる[2]。

　もっとも，共同訴訟という形で訴訟が行われると，訴訟全体の費用は低くなる。なぜなら，個々の請求権の訴額は合算して計算されることから，逓減料率によれば，それぞれの原告にとっては裁判所に納める費用も弁護士に支払う手数料も低くなるからである。また，すべての訴訟関係人に対して，一つの証拠

---

1) Mitteilung der Kommission an das Europäische Parlament, den Rat, den Europäischen Wirtschafts- und Sozialausschuss und den Ausschuss der Regionen „Auf dem Weg zu einem allgemeinen europäischen Rahmen für den kollektiven Rechtsschutz", KOM (2013) 401 F vom 11. 06.2013, S. 4. 定義については，次の文献をも参照のこと，*A. Bruns*, Einheitlicher kollektiver Rechtsschutz in Europa?, ZZP 125 (2012), 399, 401.

2) そのように説くのは，*R. Michaels*, European class actions and applications, in Nuyts/Hatzimihail, Cross-border Class Actions, 2014, S. 111, 117.

調べ手続が効力を有するのであれば，裁判所にとっても実際に要するコストが大いに減少することになる[3]。

同じことをきっかけとした個別訴訟が複数，同一裁判所に提起されるならば，その裁判所は，もちろん，これら別個独立した訴訟を，民事訴訟法 147 条により弁論および裁判を同時になすために併合することができる。それにより，これらの訴訟は手続上独立性を失い，一つの訴訟にまとめられ，複数の原告ないし被告は共同訴訟人になる[4]。複数の手続を法的に併合せずに，たんに実際上共同して弁論を行い，必要に応じて証拠調べを行うことは法律上定められていないが，適法であり，そして実務ではしばしば好まれている[5]。

しかしながら，そのように運用された個別訴訟の欠点は，次の点にあることには疑いがない。すなわち，すべての被害者が訴えを提起しているわけではないので，被害者集団のすべての損害が一つの訴訟で主張されるときよりも，原告たちの訴訟および和解での潜在的可能性は弱まるというものである[6]。

III. 団 体 訴 訟

現代の社会国家では，公共の利益を実現することは，本来，検察官やさまざまな特別の官署を通じて成し遂げられる，国家の任務である。しかし，アメリカ合衆国の影響のもと，国家は，私法的取引を監視することをしだいに控えるようになり，それに相当するコントロールないし権利追求を私人または私法上活動している組織に委ねている[7]。

---

3) *Gsell*, Kollektiver Rechtsschutz im deutschen Zivilprozessrecht und gebündelte treuhänderische Einziehung von Schadensersatzforderungen durch Dritte, in Schulze, Europäisches Privatrecht in Vielfalt geeint, 2014, S. 179, 184.
4) Münchener Kommentar ZPO/*Wagner*, 4. Auflage, 2013, § 147 ZPO Rn. 9; *Musielak/Stadler*, ZPO, 11. Auflage, 2014, § 147 Rn. 4.
5) Münchener Kommentar/*Wagner*, § 147 ZPO Rn. 16.
6) *Michaels* (Fn. 2), S. 118.
7) *Ortells Ramos*, Protecting Supra-Individual Interests: Enforcement Action by

1. 差止請求訴訟

幾多のEU指令を通じて強制される形で，しだいに，ドイツの立法者は，消費者団体，そしてまた産業上の利益団体および商工会議所にも団体訴権（Verbandsklagerechte）を認めた（現在の消費者違反行為の差止請求訴訟法［訳者注：以下では，差止請求訴訟法と記述する］：UKlaG 3 条）。この"差止請求訴訟法"は，"請求権限を有する立場にある者"が不作為を求めて訴えを提起することができる法律違反を，個別的に列挙している（差止請求訴訟法2条2項，2 a条，3 a条）。

法技術的には，この立場にある者はそれぞれ，自己の不作為請求権を追求することになる（差止請求訴訟法3条1項，3 a条）。すでに公共の利益が発生しているものの，手続は原則として民事訴訟の一般ルールに従う（差止請求訴訟法5条）[8]。

そのような団体訴訟は，競争法（不正競争防止法：UWG 8条），カルテル法（競争制限禁止法：GEB 33条），普通取引約款規制（差止請求訴訟法1条，3条），著作権法（差止請求訴訟法2 a条，3条）および消費者保護法（差止請求訴訟法2条，4 a条）で認められている[9]。

特定の普通取引約款の利用差止判決を求めることは，差止請求訴訟法11条により，いずれの契約当事者も可能であるが，問題視された普通取引約款は，判決が下されるとすぐに変更されてしまう。また，団体訴訟に基づいて下された判決は，直接には両当事者にのみ既判力を及ぼすにすぎない（民事訴訟法322条1項，325条）。理論的には，不作為を命ずる判決には事実上の効力拡張効（faktische Breitenwirkung）を認めることができるかもしれない。しかし，その

　　Public Administrative Institutions, Civil Justice and a Combination of Protection Systems, in Gottwald/Hess, Procedural Justice, 2014, S. 319 参照。

8)　批判的であるのは，Münchener KommentarZPO/*Micklitz*, 4. Aufl. 2013, Vor § 1 ff. UKlaG Rn. 21, 52f, § 5 UKlaG Rn. 1 ff.

9)　*Meller-Hannich/Höland*, Kollektiver Rechtsschutz im Verbraucherrecht, DRiZ 2011, 164 参照。

前提として，勝訴した原告が市場を体系的に監視することができることが必要であるが，実際にはそのようなことはほとんどあり得ないため，違反は往々にして制裁が科されないままとなっている[10]。

それにもかかわらず，この団体訴訟制度は，消費者保護を改善していることは疑いなく，毎年，およそ1200件もの，多くは勝訴見込みのある訴訟が提起されている[11]。しかし，この制度には確かに欠点がある。団体は私人として訴えを提起するため，団体自身が訴訟費用を賄わなければならず（場合によっては，さらに寄付を募らなくてはならず），その結果，団体による訴え提起には限界がある[12]。資金力があると考えられる産業上の利益団体または商工会議所は，実際には決して訴えを提起しない[13]。また，訴権［を有する対象］が"適格ある機関"に制限されていること，契約の相手方や利害関係人には訴権が認められていないこと，さらには消費者団体さえも，訴え提起権限を有するには，少なくとも75名の自然人が会員でなければならないことに対しても批判がある[14]。

2．利益剝奪請求訴訟（Gewinnabschöpfungsklagen）

損害賠償を求める団体訴訟は，これまでドイツにはなかった。

2004年には，不正競争防止法（8条3項，10条）に，故意による競争違反がなされた場合，違反者に対して，連邦政府予算のために利益の剝奪を求めるための団体の権能が挿入された。2005年以降，同様に，故意によるカルテル違反の場合にも認められている（競争制限禁止法33条2項，34条1項，34a条）（他

---

10) *Meller-Hannich*, Effektivität kollektiver Rechtsschutzsysteme, in Brömmelmeyer, Die EU-Sammelklage, 2013, S. 33, 47.

11) *Kocher*, Kollektiver Rechtsschutz: Effektivität und Erforderlichkeit im Verbraucherrecht, in Brömmelmeyer (Fn. 10), S. 71, 77.

12) Münchener KommentarZPO/*Micklitz* (Fn. 8), Vor §§ 1 ff. UKlaG Rn. 31（財政的および人的に十分備わっていない）参照。

13) 批判的であるのは，Münchener KommentarZPO/*Micklitz* (Fn. 8), Vor §§ 1 ff. UKlaG Rn. 38 f.

14) Münchener KommentarZPO/*Micklitz* (Fn. 8), Vor §§ 1 ff. UKlaG Rn. 18.

方で，カルテル庁は，過失の場合に利益を剥奪することができる。競争制限禁止法34条1項)。

これら双方の権限は，これまで，ごくまれに利用されてきたにすぎなかった[15]。一方では，故意の立証は非常に可能性が低い。他方で，消費者団体は，訴えが退けられた場合に費用を全額負担するリスクを負うのに，勝訴によって得た金銭はすべて連邦政府予算に支払われなければならないことから（もっとも，実際に訴訟に支出した分の償還はある），勝訴しても得るところはないからである[16]。それゆえ，そのような訴えの提起をする魅力がないのである。

IV. 債権譲渡による集合訴訟

ドイツには，1人の原告が自己の権利に基づいて，一つの被害者グループのために賠償請求権を求めて訴えることができるとする，集合訴訟 (Sammelklage) はない。その代わり，債権譲渡を通じて実際上，同一目的を達成しようとする試みが増えてきている。確かに，そうすることで，被害者が個別に請求することができる損害賠償債権のみをまとめることとなる。そのような共通行動をする理由は，以下の点にある。すなわち，

(1) 逓減料率が採用された結果，(按分的な) 訴訟費用負担のリスクが緩和されること，
(2) 立証の可能性が [一つに] まとめられること，
(3) 手続を集中させることにより訴訟促進が可能になること，および，
(4) 和解に向けた圧力を強固にすることができること，である。

---

15) いくつかの手続の裏付けについては，*Rott*, Kollektive Klagen von Verbraucherorganisationen, in *Caspar/Janssen/Pohlmann/Schulze*, Auf dem Weg zu einer europäischen Sammelklage?, 2009, S. 259, 271 f., 274 参照。

16) 正当にも批判的であるのは，*Wagner*, Kollektiver Rechtsschutz – Regelungsbedarf bei Massen- und Streuschäden, in Casper u.a. (Fn. 15), S. 41, 62. *Eichler*, Kollektive Rechtsschutzinstrumente im Bereich der Massen- und Streuschäden, 2012, S. 57 ff. は，これに対して法律を擁護する。

このモデルの発端は，数年来普通に行われていた営利的な訴訟費用ファイナンスであり，ここでは，保険会社が高額の債権を買い取り，その後，訴訟費用ファイナンス業者が訴訟費用負担のリスクを負ったうえで請求するというものである[17]。41 の機関投資家からの債権譲渡に基づいて，11 億ユーロの損害賠償をポルシェ社およびフォルクス・ワーゲン社に対して請求した，ブラウンシュヴァイク地方裁判所での"訴訟追行団体（Prozessführungsgesellschaft）ARFB"による訴えがこれである[18]。

　裁判所がこの種の権利追求を認めた後，他の者もこのモデルによろうと試みている。

　タイムリーかつ全く特殊なケースが，目下，オーストリアからもたらされた。すなわち，Europe v. Facebook 事件である。オーストリアの法律家が，フェイスブックによって一般人格権が侵害されたことを理由に，各人につき 500 ユーロ，それを 2 万 5000 人分まとめた賠償を求めて，フェイスブックを相手にウィーンで訴えを提起した。したがって，訴額全体は 1250 万ユーロであった。この法律家は，行動を起こすためにインターネットであらかじめ呼びかけ，債権を電子的方式によって譲渡をうけた。訴訟費用は，第三者および従来の債権所持人による寄付によって賄われた。この訴えには，すべての EU 諸国のフェイスブック利用者が関係した[19]。

　ドイツにおいてもまた，この種の訴訟が広まってきている。なかでも，たとえば，"投資家を援助する投資家連盟（Verein Anleger-helfen-Anlegern e.V）"は，

---

17)　*Rosenberg/Schwab/Gottwald*, Zivilprozessrecht, 17. Auflage 2010, § 87 Rn. 4 参照。

18)　http://www.jure.de/nachrichten/verfahren/2011/09/schadensersatzklage-gegen-porsche. *Gsell* (Fn. 3), S. 179, 194, 196 は，これに対して，ARFB は取立業者として登録され（リーガルサービス法 10 条 1 項 1 号），被告は民事訴訟法 110 条を類推して訴訟費用の担保を申し立てたと報告している。

19)　„Irgendwer muss sein Gesicht herhalten", Süddeutsche Zeitung Nr. 185 vom 13.8.2014, S. 27 参照。オーストリア法に基づく集合訴訟（Sammelklage）については，*Domej*, Einheitlicher kollektiver Rechtsschutz in Europa?, ZZP 125 (2012), 421, 429, 451（第三者を通じた資金調達）参照。

集合訴訟を組織することを援助している[20]。しかし，そのような訴えがドイツにおいて適法とされ，そしてまた勝訴の見込みがあるかどうかは，疑わしい。

　セメントカルテル事件では，セメントカルテルの被害者が，100 ユーロで自己の損害賠償請求権をベルギーの組合に譲渡したが，この団体が勝訴した場合には勝訴額の 65% を追加して受け取ることになっていた。この損害賠償請求訴訟の訴訟費用は，法律によって定められた最高額の訴額 3000 万ユーロに基づき算定されなくてはならなかったはずである。そのような大金を原告（資本金 10 万ユーロ，それに加えて債権譲渡人による費用の援助しかない）は有していなかった。それゆえ，原告は，競争制限禁止法 89 b 条に基づき，900 万ユーロにまでの訴額の減額を求めた。その理由は，団体が，この額であれば第一審の訴訟費用および弁護士費用をその資力でカバーできるというものであった。デュッセルドルフ地方裁判所は，最終的にこの訴えを"不適法"として却下した。（相対的に）財産を有しない原告を前面に押し出すことは，良俗に反し無効であるから（民法 138 条），民法上の組合は，本件では当事者能力を有しないとされた[21]。裁判所は，──民事訴訟法 110 条による外国人による担保提供の場合とパラレルに捉えて──相手方に対して少なくとも第二審までの訴訟費用償還請求権について担保提供がなされている場合にのみ，訴えは適法であるとした。そうでなければ，たとえ経済的成否が最終的には当初の債権所有者に帰することになるとしても，「資金のない」当事者が訴訟追行のため前面に出てくることは良俗に反するとした。

　もちろん，この裁判から，ドイツでは，債権譲渡による集合訴訟が一般的に不適法であるということを導き出すことはできない[22]。

20） http://www.anleger-helfen-anlegern.de/Sammelklage 参照。

21） Landgericht Düsseldorf (17.12.2013, Rn. 635), BB 2014, 149 (*Uphoff*). 批判的であるのは，*Stadler*, Die Bündelung von gleichgerichteten Ansprüchen durch Inkassozession, JZ 2014, 613 ; *Makatsch/Abele*, Das Ende kollektiver Kartellschadensersatzklagen in Deutschland?, WuW 2014, 164.

22） そのように説くのは，*Langen/Teigelack*, Amerikanische Verhältnisse Kartellrecht oder das Ende des Abtretungsmodells? – Zur gebündelten Durchsetzung von

もっとも，デュッセルドルフ上級地方裁判所は，2012年11月27日判決によって高いハードルを設けた。この事件では，弁護士の監督下にある被害者プールが，誤った投資をさせたとして，イングランドで登記された非上場の会社に対して，総額600万ユーロの賠償を求める訴えを提起した。それぞれの債権額は，700ユーロから21万5000ユーロであった。地方裁判所は，"請求棄却判決"を下した。プールは上訴を提起し，444名の被害者の賠償請求権470万ユーロの分だけを引き続き請求した。その理由は，これ以外のプールのメンバーは，控訴審を資金的に支える金銭を有しないか，あるいは拠出を望んでいないから，というのものであった。上級地方裁判所は，プールの控訴を"不適法"として却下した。リーガルサービスに関する法律（RDG）3条（ないし，従前の法的助言法：RBerG 1編1条1項1文）によると，回収目的で譲渡された他人の債権回収[23]に関するものをも含む裁判外の法的助言は，管轄官庁（州司法行政部，リーガルサービス法19条）が許可をした場合にのみ適法である。それ以外の場合は，裁判上の請求のための譲渡や授権は法律が禁止しているため，それに違反することとなり，無効である（民法134条）[24]。そして，プールの目的は，まさしく，プールのメンバーが経済的リスクを負うということで，損害賠償請求権を主張する点にあるのであり，プール契約自体もリーガルサービス法3条ないし法的助言法1条に違反し，同様に無効である（民法134条）。その限りでプールは有効に設立されていないので，当事者能力も有しない（民事訴訟法50条1項）と判断したのであった[25]。この立論は，疑問の余地が一切ない，というわけではない。というのも，リーガルサービス法は，本来，裁判外での請求権の行使だけを規制しているのに対し，本件は弁護士訴訟の形を取った，裁判

　　　Schadensersatzansprüchen de lege lata, BB 2014, 1795.
23)　回収目的の譲渡と完全な譲渡の区別は，BGH NJW 2013, 59.
24)　同様に説くのは，V. Wanner, Das KapMuG als allgemeine Regelung für Masseverfahren, 2010, S. 37；Henssler/Prütting/Weth, BRAO, 3. Auflage 2010, § 3 RDG Rn. 14.
25)　OLG Düsseldorf (27. 11. 2012, 1 U 26/12) Rn. 465 ff., 489.

所での訴訟だからである。しかし，裁判外での準備なしに訴訟追行は考えられないので，訴え提起前の権利行使が適法であった場合にのみ，裁判所における訴えもまた適法であると捉えなければならない[26]。

それゆえ，一つの集合訴訟で複数の個別的請求権を束ねることは，一般的に適法であるわけではなく，非常に限定された場合にのみ認められる。

考えられるのは，リーガルサービス法3条により必要とされる許可をすでに得ている，既存の職業団体または利益団体によって請求権が主張される場合である。しかし，そのような団体は，リーガルサービスの提供を団体のメンバーに対してのみ，そして，法曹有資格者によってのみ提供することができる（リーガルサービス法7条2項，8条2項）[27]。投資被害者やクレジットの被害者といった利益共同体が，具体的損害賠償請求訴訟を超えて他に共通するグループの利益を有しないときは，リーガルサービス法7条，8条の適用範囲からは外れてしまう[28]。

そうすると，適法とされるのは，消費者団体や長期間存続している利益団体への譲渡であり，たとえば，すでに客観的に倒産している建設会社の価値のない株式を取得した被害者1978名が，Westdeutsche Landesbankを相手に損害賠償を求めて訴えを提起した場合がこれにあたる[29]。さらに，1935年法的助言法について，連邦通常裁判所は2006年に次のような判断をした。すなわち，集合的な消費者利益に役に立ち，また，この利益が効率的に実現されるのであるならば，消費者センターは譲渡された債権の回収をすることができるというものである。具体的には，紛失したECカード〔訳者注：クレジットカード〕の不正使用についての証明責任の解明が当時問題となった。銀行の顧客の幾人かは，彼らの考えでは不当に口座の借方の方に記入されている（引き落とされてい

---

26) *Gsell* (Fn. 3) S. 179, 190.

27) *Wanner* (Fn. 23), S. 38.

28) *Wanner* (Fn. 23), S. 39 ; *Gsell* (Fn. 3), S. 179, 193.

29) *Gottwald*, On the Extension of Collective Legal Protection in Germany, CJQ 26 (2007), 484, 486 参照,。

る）ので，その部分を貸方に（入金として）記入する請求権を消費者団体に譲渡した[30]。リーガルサービス法8条4号により，消費者団体は，今では業務範囲内では一般的にリーガルサービスの提供を行うことが許されている[31]。それに対応する訴訟追行権も，民事訴訟法79条1項2文，2項2文3号から生じている。それでも現行法上は，一般的な利益団体が，個別事件で団体メンバーのために賠償請求権を求めることができるのは，非常に限られた領域である。

被害者が利益共同体を新たに設立した場合，それは民法上の組合として，今では原則として（部分的に）権利能力および当事者能力を有する。賠償請求権が団体に対する出資として提供されたとすると，民法上の組合は自己の権利を求めることができよう。しかし，そのような法律構成はほとんど不可能である。

民法上の組合が賠償請求を求めることについてのみ授権されたとすると，ふたたびリーガルサービス法がからんでくる（リーガルサービス法2条，3条）。回収のために債権が譲渡されたとすると，まったく同じことがあてはまる[32]。つまり，リーガルサービスの提供は，裁判官の資格を有する者によってのみ，これを行うことが許される（リーガルサービス法12条）。また，同時に，このリーガルサービスは無報酬で行われなければならないが，費用の償還が報酬とみなされるとするなら，無報酬かどうかが実際上問題にならないわけではない。そのような利益団体は，事前にリーガルサービス法10条により登録されていなければならない。さらに，リーガルサービスを提供する者は，指揮を受けて業務を行う者であってはならないが，これは，被害者の利益に真っ向から反する[33]。最後に，民法上の組合員はすべての責任について無限責任を負うとする

---

30) BGHZ 170, 18 = NJW 2007, 593. *Alexander*, Kollektiver Rechtsschutz im Zivilrecht und Zivilprozessrecht, JuS 2009, 590, 592 ; *Bruns*, ZZP 125 (2012), 399, 412 参照。債権譲渡に基づき消費者団体によって提起されたその他の訴えについては，*Rott*, Kollektive Klagen von Verbraucherorganisationen in Deutschland, in Casper u.a. (Fn. 15), S. 259, 268 Fn. 31.

31) *Wagner* (Fn. 16), S. 41, 62.

32) *Wanner* (Fn. 23), S. 39 f.

33) そのように説くのは，*Wanner* (Fn. 23), S. 40.

と（商法128条の準用），利益団体に加入することで責任負担を負うリスクが生じうる[34]。ドイツ法は非常に厳格であるが，緩和すべきであろう[35]。

V. 投資者ムスタ手続法

2005年8月16日の投資者ムスタ手続法（Kapitalanleger-Musterverfahrensgesetz：KapMuG）も[36]，改正された2012年10月19日の新投資者ムスタ手続法も[37]，本質的に集合訴訟を規律していない。むしろ，投資者ムスタ手続法は，複数の被害者が別個に訴えを提起することを前提としている。すでに提起された訴えに，共同訴訟人として加わるだけでは足りない[38]。この法律の適用があるのは，目論見書責任（Prospekthaftung）に基づく損害賠償請求権，株主と買受申込人との間の契約に基づく履行請求権[39]，および，2012年の新しい規律では，過誤のある投資コンサルタントに基づく請求権である。これらのケースは，いわゆる少額・拡散損害（Streuschäden）では決してない[40]。10件以上の同種の訴えが登録されると，原告または被告は，特定の事実をすべての手続のために統一的に確定し，または特定の法的問題を統一的に判断するために，上級

---

34) そのように説くのは，*Loritz/Wagner*, Sammelklagen geschädigter Anleger mittels BGB-Gesellschaften, WM 2007, 477, 480.

35) 束ねられた権利追求の適法性を，すべての公益組織に広げることに賛成するのは，*Bruns*, ZZP 125 (2012), 399, 417.

36) Bundesgesetzblatt I 2437. *Meller-Hannich*, Das Kapitalanleger-Musterverfahrensgesetz (KapMuG) – Eine Zwischenbilanz, ZBB 2011, 180 参照。

37) Bundesgesetzblatt I 1981. *Schneider/Heppner*, Reform des Kapitalanleger-Musterverfahrensgesetzes, BB 2011, 2947 参照。

38) しかし，*Wagner* (Fn. 16), S. 41, 69（オプト・イン型訴訟の形を変えた方式である）も参照。

39) *B. Hanisch*, Das Kapitalanleger-Musterverfahrensgesetz (KapMuG), 2011, S. 28 ff, 60 f.

40) *Jauernig/Hess*, Zivilprozessrecht, 30. Aufl. 2011, § 83a Rn. 10 f. の見解によると，投資者ムスタ手続は少額・拡散損害の目的達成にも資するという。

地方裁判所におけるムスタ手続（Musterverfahren）の実施を申し立てることができる（投資者ムスタ手続法1条1項）[41]。さらに，いずれの当事者も，そのようなムスタ確認手続を申し立てることは強制されない。

投資者ムスタ手続法は，これまでと同様に，欠陥製品，航空機・鉄道・ロープウェイ・船舶あるいはバスの事故の結果として生ずる大規模損害（Massenschäden）を対象としていない[42]。また，違法な策謀によって締結してしまった契約に基づく同種の請求権，たとえば，価値のない不動産の販売に基づく請求権もまたこれにあたらない[43]。

ムスタ手続が競合しないようにするため，まとめられたすべての請求権について，当該証券振出人または投資提供者の所在地の専属管轄となる（民事訴訟法32 b条）[44]。

適法なムスタ確認の申立ては，職権により，公的な訴訟登録簿（Klageregister）を通じて公告され（投資者ムスタ手続法4条），その結果，申立てがなされた当該第一審手続（Ausgangsverfahren）は，中断する（投資者ムスタ手続法5条）。

最初に公告がなされてから6カ月以内に，さらに少なくとも9件のムスタ手続の申立てがなされると，最初に申立てがなされた裁判所は，裁判のために，不服申立てができずそれゆえ拘束力を有する，上訴裁判所への回付決定（Vorlagebeschluss）により，これらの申立てを上級地方裁判所に回付する（投資者ムスタ手続法6条1項）。この回付がなされると，別途の回付は遮断される（投資者ムスタ手続法7条）。この回付決定は公告される（投資者ムスタ手続法6条4項）。その後，ムスタ手続の結果に依存しているすべての係属中の訴訟，あるいは後に係属した訴訟は中止される（投資者ムスタ手続法8条1項）。自己の訴訟を独自に

---

41) *Wanner* (Fn. 23), S. 46 ff.
42) *Wanner* (Fn. 23), S. 23 f, 92 ff., 100 ff., 114 ff.
43) *Wanner* (Fn. 23), S. 122 ff.
44) *Wanner* (Fn. 23), S. 136 ff. これに批判的なのは，Braun, Lehrbuch des Zivilprozessrechts, 2014, § 23 III 2 a (S. 360).

続行する可能性は存在しない[45]。

　上級地方裁判所は，その後，中止された手続の原告から1人のムスタ原告（Musterkläger）を選定する。他の原告はすべて，ムスタ手続に呼び出しを受けるだけである（投資者ムスタ手続法9条2項，3項）。

　ムスタ手続では，第一審訴訟手続でのルールに従い，証拠調べを行わなければならない。証拠調べの結果（事実認定）および争いのある法的問題について，ムスタ判断（Musterentscheid）が下される（投資者ムスタ手続法16条）[46]。この判断は，中止されたすべての手続の判決裁判所を拘束する（投資者ムスタ手続法22条1項1文）。この判断は，たいていの場合，一つの証拠調べの結果を含むだけであるにもかかわらず，その判断は投資者ムスタ手続法22条2項により既判力が生ずる[47]。

　たとえ被呼出人（Beigeladener）が途中で訴えを取り下げたとしても，ムスタ判断は参加的効力の方法で被呼出人に対しても効力が生ずる（民事訴訟法68条）。たとえ，争点それ自体を主張しておらず，またはムスタ手続それ自体に関与していなかったとしても，すべての関係者（Beteiligten）は原則としてムスタ判断の確認に拘束される。訴訟追行に問題があるとの抗弁が被呼出人に認められるのは，ムスタ原告の訴訟追行によって被呼出人が攻撃防御方法を提出することが妨げられた場合に限られる（投資者ムスタ手続法22条3項）。ムスタ判断に拘束されないのは，まったく訴えを提起していない被害者（請求権の所持者）である。リスクを回避したい被害者が，権利を失うことなくムスタ手続を待つことができるように，新投資者ムスタ手続法10条2項は，これらの人々に対して，ムスタ原告選定後6カ月以内に自己の請求権を，弁護士を通じて書面によりム

---

45)　批判的であるのは，*Braun* (Fn. 44), § 23 III 2 b (S. 360).

46)　たとえば，Musterentscheid im Telekom-Verfahren, OLG Frankfurt ZIP 2013, 1521.

47)　批判的であるのは，Münchener Kommentar/*Gottwald*, 4. Aufl. 2013, § 325a ZPO Rn. 6 f（既判力を有する本案判決ではない）．詳細に批判するのは，*Haufe*, Das Kapitalanleger-Musterverfahrensgesetz („KapMuG") – Streitgegenstand des Musterverfahrens und Bindungswirkung des Musterentscheids, 2012, S. 232 ff.

スタ手続がなされている上級地方裁判所に届け出ることを認めた。この届出は，ムスタ被告に送達される。送達によって，届け出られた請求権の消滅時効は，ムスタ手続が既判力をもって終結した後，3カ月間は停止する（民法 204 条 1 項 6 a 号）ので，届出人は，ムスタ判断の結果が出た後，訴訟の見込みについてリスクを負うことなく判断することができる。しかし，届出人は，完全なただ乗りが認められているわけではなく，むしろ，届出人によって届け出られた請求権の価額から 0.5 単位の手数料が支払われてはじめて，届出はムスタ被告に送達される（裁判所費用法 12 条 1 項 3 文，裁判所費用法費用表 1902 号）。この手数料が支払われないと，時効期間は停止しない。

　もっとも，立法者は，和解によって事件を終結させる可能性を緩和した。旧投資者ムスタ手続法 14 条 3 項 2 文によると，すべての関係人（被呼出人もすべて含まれる）が同意する必要があったが，実際にはそれはありえなかった[48]。新投資者ムスタ手続法 17 条以下によると，和解送達後 1 カ月以内に，和解しないと宣言した者が被呼出人の 30％に満たないときは，ムスタ原告とムスタ被告は，裁判上の和解を裁判所の許可のもとで締結することができる[49]。

　ムスタ手続の主なメリットは，関係人にとっては次の点にある，すなわち，まず，証拠調べが費用の予納なしに実施される点にある。証拠調べに要する費用は，むしろムスタ手続が既判力を伴って終了した後にはじめて，裁判所の立替金として期限が到来し（裁判所費用法 9 条 1 項 2 文，同 17 条 4 項），ムスタ原告，および，手続中止決定の送達後 1 カ月以内に自らの訴えを取り下げなかった被呼出人に按分される（投資者ムスタ手続法 24 条 2 項，裁判所費用法費用表 9018 号 (3)）。この訴え取下げの可能性があることから，いかなる者も希望しない証拠調べ費用を負担させられることはない（投資者ムスタ手続法 8 条 2 項）。

　2012 年の改正投資者ムスタ手続法もまた，個別的権利追求と集合的権利追

---

48) 批判的であるのは，*Halfmeier/Rott/Feess*, Kollektiver Rechtsschutz im Kapitalmarktrecht, Evolution des KapMuG, 2010, S. 35 ; *Gottwald*, On the Extension of Collective Legal Protection in Germany, CJQ 26 (2007), 484, 495.

49) *Halfmeier/Rott/Feess* (Fn. 45), S. 97 ff. の提案によるとそうなる。

求を，全体としてみると非常に複雑な方法で組み合わせている。被害者は，別個に訴えるか，あるいは自己の請求権を，費用を支払って届け出なければならない。ムスタ手続が提起された後は，提起された訴えはすべて，第一審で強制的に中止される。実際にムスタ手続が開始しているときは，自らの責任で自己の訴訟を完全に実施する"オプト・アウト"の可能性はない。最初のムスタ手続を実際に経験したところでは，手続は比較的官僚的で，また緩慢としたものであった。さらに，中止されたすべての訴訟の原告は，被呼出人としてムスタ手続に関与しなければならず（投資者ムスタ手続法9条1項3号），これらの者は，補助参加人と同様に攻撃防御方法を提出することができる（投資者ムスタ手続法14条）。証拠調べは一般ルールに従い，当事者の事案解明義務はない。もっとも，ムスタ原告の弁護士は，現在では，中止された手続の訴額の総額につき，0.3 単位まで手数料を国庫から支弁される（弁護士報酬法41 a 条）。

投資者ムスタ手続法により，個別的権利追求と集団手続は独特のやり方で結合した。この手続は，投資法の分野についてのみ用いられる。これまで実施されてきた手続が示すところによれば，この手続は，とくに裁判所の負担を軽減しているが，その他の点では，比較的きつい手続である[50]。この欠点が，2012年の新規定ですべて除去されたか否かは，まだ実証されていない。また，ドイツの立法者も，新法が最終的な解答とは考えておらず，新法の効力は2020年までと期限を定めている。

VI. 将来的な集合訴訟への途はあるか

1．ドイツにおける議論

ドイツでは，ここ20年，一定の法領域では，実際に請求権を十分には行使

---

50) *Wagner*, Neue Perspektiven im Schadensersatzrecht – Kommerzialisierung, Strafschadensersatz, Kollektivschaden, Gutachten für den 66. DJT, 2006, Bd. I, A 123 ; *Reuschle*, Das KapMuG – Eine erste Bestandsaufnahme, in Casper u.a. (Fn. 15), S. 277, 278 f.

することができておらず，したがってその対策として，集団訴訟が導入されるべきである，という不満がたえず述べられてきた．

(1) すでに，1998年に，クリスチャン・フォン・バールとアストリッド・シュタッドラーが，第62回ドイツ法曹大会において，行政裁判所法（VwGO）93a条に倣ったムスタ手続の導入を説いていた[51]。大量で同種の訴訟の場合に，ムスタ手続が実際に実施され，その他の訴訟はムスタ手続が終結するまで中止するというものであった．しかし，ドイツ法曹大会は，この提案を，アメリカ合衆国をモデルとしたクラス・アクションと同様に，明らかな多数でもって退けた[52]．

(2) 2002年に，ホルガー・フライシャーは，第64回ドイツ法曹大会での意見書において，資本市場法（Kapitalmarktrecht）での特別代理人（組織変更法26条，206条の準用）による集団訴訟の導入を促した[53]．

(3) 2005年には，ハンス・ミクリッツとアストリッド・シュタッドラーは，連邦消費者保護・食料・農業省の委託により，一般団体訴訟法の必要性を説いて，団体訴訟，ムスタ手続および集団訴訟を規律するための法律案を示した[54]．すでに知られている不作為訴訟および利益剥奪請求訴訟の他に，両名は，次のことをはっきりと提案した．すなわち，消費者保護団体，営業利益団体および職業団体は，消費者などの債権を，任意的訴訟担当の方法により，または債権回収のための譲渡により，裁判上主張することがで

---

51) *Ch. von Bar*, Empfehlen sich gesetzgeberische Maßnahmen zur rechtlichen Bewältigung von Massenschäden?, 62. DJT, 1998, Bd. I, A 86 ff, 101, 104；*Stadler*, Referat, 62. DJT, Bd. II/1, I 40 ff；*G. Müller*, Referat, 62. DJT, Bd. II/1, I 28 f., 33 もまた，これに賛成する．

52) Verhandlungen des 62. DJT, Bd. II/1, I 88.

53) *Fleischer*, Empfiehlt es sich, im Interesse des Anlegerschutzes und zur Förderung des Finanzplatzes Deutschland das Kapitalmarkt- und Börsenrecht neu zu regeln?, Gutachten für den 64. DJT, 2002, Bd. I, F 117.

54) *Micklitz/Stadler*, Das Verbandsklagerecht in der Informations- und Dienstleistungsgesellschaft, 2005, S. 1373 ff., 1419 ff. *Stadler* は，この提案をすでに第62回ドイツ法曹大会で説明していた．Bd. II/1, I 50 ff, 62 参照．

きるとするものである（草案§ 26）。さらに2人は，集団訴訟（Gruppenklage）を認め，そこでは原告は，当事者でない者少なくとも20名の代表（Repräsentant）として行動するとした（草案§ 27）。そのための要件とされたのは，請求権の大方は，個別訴訟によったのでは十分に行使することができないこと（草案§ 29 Nr. 3），集団訴訟の原告は集団を代表するのに十分な資力を有すること（草案§ 29 Nr. 5），および3カ月以内に実際に少なくとも20名のメンバーが積極的に手続に参加することを表明したこと（草案§ 29 Nr. 6, § 30），である。そして，もとより自明なことであるが，裁判はすべての関係人に対して拘束力を有するとされる（草案§ 39）。このように非常に慎重なオプト・イン型の集団訴訟さえも，ドイツ政府は取り上げなかった。

(4) 2006年にゲルハルト・ワグナーは，第66回ドイツ法曹大会において，投資者ムスタ手続法を集団訴訟（Gruppenklage）のために構成し直すこと，および，すべての大規模手続（Massenverfahren）でムスタ手続を使えるようにすることを提案した[55]。少額・拡散事件の領域における少額・拡散損害について，ワグナーは，従来の不正競争防止法10条の団体訴訟を一般化し，また過失による不法行為にまで広げようとした。内容的には，この団体訴訟はもはや利益の剥奪ではなく，損害の賠償を目指すものとされている。団体には獲得した賠償金の一部が残るとされる[56]。

(5) 2012年にハンス・ミクリッツは，ミュンヘンで開催された第69回ドイツ法曹大会で，オプト・アウト[57]をベースにした団体による集団訴訟を通じた集合的消費者保護の改善に向け，慎重な論陣を展開したが，代表者によってふたたび（僅差であったが）退けられた[58]。

---

55) *Wagner* (Fn. 47), A 126, 134 f.
56) *Wagner* (Fn. 47), A 115 ff., 134.
57) *Micklitz*, Brauchen Konsumenten und Unternehmen eine neue Architektur des Verbraucherrechts, Gutachten A zum 69. DJT, München 2012, Bd. I, A 96 ff., 113 ff., 115.
58) Beschluss V 1 der Abteilung Zivilrecht des 69. DJT, Beschlüsse des 69. DJT, Mün

(6)　2013年6月に，院内会派である90年連合／緑の党は，"集団訴訟の導入に関する法律案"を連邦議会に提出した[59]。会派を形成している両政党は，2012年の新投資者ムスタ手続法に引き続いて，民事訴訟法典中に，第一審裁判所での一般的な集団訴訟を挿入しようと試みた（草案§§606以下）。それによって，あらゆる大規模事件における個々の請求権をまとめて請求することが可能になるとされた。集団訴訟の要件は緩和され，また，従来よりも民事裁判所が大規模損害をより適切に処理することができる手続上の枠組みが創設されるとした。この法律案は，議会ではそれ以上は審議されなかった。連邦政府は，それに反応しなかった。会期終了と共に法案は廃案となった。

2．EUにおける展開

2005年にヨーロッパ委員会は，EUカルテル法違反による統一的損害賠償請求訴訟を，EUで導入することを勧告した。とくに文書提出義務などを通じた多くの訴訟上の緩和措置に加え，グリーンブック［訳注：EUの白書］は，少額・拡散債権を束ねることができるようにするために，消費者向けの集団訴訟も予定していた[60]。

2008年には，いわゆる"消費者のための集合的権利実現手続について"というグリーンブックがこれに続いた[61]。そこでは，オプト・アウト型集団訴訟

---

　　chen 2012, S. 8. 賛成しているのは，*Bruns* (Fn. 1), ZZP 125 (2012), 399, 416.
59)　BT-Drucksache 17/13756 vom 5.6.2013.
60)　Grünbuch „Schadensersatzklagen wegen Verletzung des EU-Wettbewerbsrechts" vom 19.12.2005, KOM (2005) 672 F. 同一テーマの白書に引き続いて，KOM (2008) 165 F. *D.-P. Tzakas*, International Litigation and Competition Law : the Case of Collective Redress, in Basedow/Francq/Idot, International Antitrust Litigation, 2012, S. 161, 168 ff., 182 参照．
61)　Vom 27.11.2008, KOM (2008), 794 F. *Eichler*, Kollektive Rechtsschutzinstrumente im Bereich der Massen- und Streuschäden, 2012, S. 5 ff. ; *Koch/Zekoll*, Europäisierung der Sammelklage mit Hindernissen, ZEuP 2010, 107 参照．

にいたるまで，集合的消費者保護の改善に向けた非常に広範囲で多様なオプションが議論に供されていた。2011年2月4日，ヨーロッパ委員会は，将来的に，集合的権利保護のための個々のイニシアティブすべてに関して顧慮されるべき，統一的かつそれ自体調和のとれた枠組みを発展させることを目的とした公聴会を開始した[62]。このイニシアティブは，さらに，ヨーロッパ連合が"ヨーロッパ集合訴訟への途"にあるのか否か，あるとしたらどの程度までなのか，という幅広い議論をもたらした[63]。

この公聴会ないし審議の結果として，2013年6月11日，委員会は，"EU法で保障された権利が侵害された場合の構成国における集合的不作為請求訴訟および損害賠償請求訴訟に関する共通原則"という勧告を行った[64]。確かに，委員会は，消費者保護，競争，環境保護，個人情報保護，資金サービス，および投資家保護の領域における集合的権利保護の必要性を認識してはいた（検討理由7）。しかし，拘束力を有しないこの勧告は，非常に慎重なものであった[65]。すなわち，構成国に勧告されたのは，集団訴訟を提起する資格は，"許可された機関，認証された代表組織および官署"に制限すること（検討理由18）。代表

---

62) European Commission : "Towards a coherent approach to collective redress", SEK (2010) 1192 (mit Stellungnahme des Europäischen Parlaments v. 21.1.2012, A7-0012/2012). この点については，*Brand*, US-Sammelklage und kollektiver Rechtsschutz in der EU, NJW 2012, 1116.

63) *Caspar/Janssen/Pohlmann/Schulze*, Auf dem Weg zu einer europäischen Sammelklage ?, 2009 ; *Brömmelmeyer*, Die EU-Sammelklage, 2013 ; *L. Gorywoda*, The Emerging EU Legal Regime for Collective Redress : Institutional Dimension and its Main Features, in Nuyts/Hatzimihail, Cross-Border Class Actions, 2014, S. 173 参照。

64) ABl EU 2013 L 201/60. 理由付けにおいてより具体的であるのは，Mitteilung der Kommission vom 11.06.2013 „Auf dem Weg zu einem allgemeinen europäischen Rahmen für den kollektiven Rechtsschutz", KOM (2013), 401 F. それについては，*Voet*, European Collective Redress : A Status Questionis, IJPL 4 (2014), 97, 106 ff. ; *Behrendt/v. Enzberg*, Auf dem Weg zur Class Action in Europa ?, RIW 2014, 253.

65) 批判的であるのは，*Meller-Hannich*, Kollektiver Rechtsschutz in Europa und Europäischer kollektiver Rechtsschutz, GPR 2/2014, S. 92, 97.

組織は，全体として公益に奉仕するものであり，また，十分な財政的資源，そして十分な法学教育を受けた人的資源を有していること（勧告Ⅲ4）。集合的損害賠償請求の場合，訴訟当事者は，オプト・イン原則にのみ基づいて構成されること（勧告21）[66]。さらに，それぞれの原告は，訴えを係争事件の終局的決着（判決であろうと和解であろうと）の前に取り下げることができるとされなくてはならない（勧告22），ということであった。

このことが示しているのは，アメリカ合衆国の状況[67]と比べると，EU領域で本当に実効性のある集合的権利保護手段を導入するには，あまりにも制限が多いということである[68]。一見すでに開かれたかに思われるヨーロッパ集合訴訟への途は，もはや何も残っていないのである。

とはいえ，これまでの数年にわたる議論は，ともかくも具体的結論をもたらした。すなわち，カルテル損害賠償に関する（より正確には，不正競争防止法上の決定に反する行為損害賠償請求訴訟の規定についての）2014年11月26日の2014/104/EU指令によって，いずれにせよ狭い領域ではあるが，しかし経済的に重要な領域において，EU全域に妥当する枠組みとなる規律がもたらされた[69]。もっともこれは，アメリカ合衆国をモデルとしたクラス・アクションで

---

66) 批判的であるのは，*Domej* (Fn. 19), ZZP 125 (2012), 421, 444 ff.

67) クラス・アクションの短所については，*van den Bergh/Keske*, Rechtsökonomische Aspekte der Sammelklage, in Casper u.a. (Fn. 15), S. 17, 28 ff. 参照。

68) フランスはごく最近勧告を受け入れた。Art. L. 423-1 bis L.423-26 Code de la Consommation („action de groupe") ; *Klein*, Die „class action à la française" – Frankreich führt die Gruppenklage ein, RIW 2014, Heft 6 Die erste Seite 参照。

69) ABl EU 2014 Nr. L 349/1. それ以前については，Vorschlag für eine Richtlinie des Europäischen Parlaments und des Rates über bestimmte Vorschriften für Schadensersatzklagen nach einzelstaatlichem Recht wegen Zuwiderhandlungen gegen wettbewerbsrechtliche Bestimmungen der Mitgliedstaaten und der Europäischen Union vom 11.06.2013, KOM (2013), 404 F；*Voet* (Fn. 61), IJPL 4 (2014), 97, 114 ff.；*Nietsch/Weller,* Private Enforcement : Brennpunkte kartellprivatrechtlicher Schadenersatzklagen, 2014 参照。

はない[70]。EU 委員会は，構成国に対して単に集団訴訟の導入を勧告したにすぎない[71]。問題は次のことである。すなわち，同指令の検討理由 13 の 2 では，この指令がヨーロッパ機能条約（AEUV）101 条および 102 条の適用される集合的権利保護手続の採用を構成国に義務づけるものではないと明言している。そこで想定されているのは，今のところ，実際に生じた損害の完全な賠償を求める集合訴訟のみである（同指令 3 条 1 文）。ここでは，推定される被害者が単独でのみこの訴えを提起することができるとするか，だれもが自らの名前で訴えを提起することができるとするか，推定される複数の被害者がそれらの名前で訴えを提起することができるとするかは，国内法で定めることができるとされている（同指令 2 条 4 号）。いずれにしても，ドイツ法にとって非常に重要なことは，同指令 5 条から 7 条に詳細に定められた，被告および第三者に課された義務である。この義務は，相手方当事者または第三者の領域にあり，かつ，請求や抗弁の具体化にとって重要な証拠方法を開示させるものである[72]。構成国は，2016 年 12 月 27 日までにこの指令を国内法化しなければならない（同指令 21 条 1 文）。留意すべきは，ドイツの立法者も，（知的財産権に関する実施指令の場合と同様に）今回もまた，実体法上の手法を採用して広範な情報請求権を導入することで，証拠方法の開示義務を国内法化すると考えられる。

VII. 結　　論

団体訴訟および投資者ムスタ手続法をもってして，ドイツ法上一部の領域では，確かに適切な集合的権利保護の手段が認められている。団体または利益団

---

70) *Koch*, Sammelklage und Justizstandorte im internationalen Wettbewerb, JZ 2011, 438, 439 f. 参照。

71) *Brömmelmeyer*, Kollektiver Rechtsschutz im Kartellrecht – Sammelklagen auf Schadenersatz, in Brömmelmeyer, Die EU-Sammelklage, 2013, S. 57 参照。

72) *Steinle*, Kartellschadensersatzrichtlinie – Auf dem Weg zum Sanktions-Overkill?, EuZW 2014, 481, 482 参照。

体へ債権譲渡を行うことに基づく訴訟は，確かに，大いに注目を集めてはいるものの，その数は多くない[73]。集合的損害賠償請求訴訟は，立法論としては——かりに認めるとするなら——オプト・インをベースにする場合にのみ認めるべきである。しかし，そのような手続は，個々人の損害が相当額に上る大規模損害の場合には，適切かつ効率的権利保護を提供するが，真の少額・拡散損害（Streuschäden）ではそうはならないことは明白であろう。真の少額・拡散損害では，権利行使は，自分が被害者とは思ってもいない個々の被害者の積極的な協力に依存させてはならない[74]。それゆえ，たとえば，秩序違反を理由とする過料が，裁判所，連邦カルテル庁，または連邦金融市場監視機関によって課されるといった，官署による制裁が考えられる。損害の調整が私法上でなされるとすれば，団体訴訟のみが考えられるが[75]，その場合，団体には勝訴によって得た額の一部が留まるとしなければならないであろう。これに対して，アメリカのクラス・アクションを取り入れることは薦めない。なぜなら，勝訴額を個別的に僅かな額の被害者に配分することは，実際的ではないからである[76]。ドイツの政治が，そのような解決を取り入れるか否かは，現時点では不明確である。

73) *Meller-Hannich*, Effektivität kollektiver Rechtsschutzinstrumente, in Brömmelmeyer (Fn. 67), S. 33, 42 f.
74) 正当にもそのように説くのは，*Wagner* (Fn. 16), S. 41, 75 ff., 85.
75) 他にもそのように説くのは，*W.-H. Roth*, Sammelklagen im Bereich des Kartellrechts, in Casper u.a. (Fn. 15), S. 109, 128 ff.
76) *Stadler*, Class Actions in den USA als Vorbild für Europa?, in Brömmelmeyer (Fn. 67), S. 91, 98 f.

第3章　ドイツにおける弁護士の現在

訳　出　口　雅　久

I．ドイツの弁護士数

　ドイツにおいて登録された弁護士数は，第二次世界大戦以来，恒常的に増え続けている。1950年には1万2844名にすぎなかったとされた弁護士数は，2000年にはすでに10万名を超え，10万4067名となり，そして2014年1月には16万2695名にまで達している。女性弁護士の割合も継続的に増えている。すなわち，1970年は弁護士全体の4.52％（つまり1035名）であった女性比率が，2014年には33.28％（つまり5万4139名）まで増加している。確かに，毎年登録する弁護士全体の増加は，最近は幾分減少してきたものの，引き続いて増加傾向にある。新たに登録する弁護士数は，登録を抹消する弁護士数を依然として超えている。2012年には，7711名の受験者が第2回司法試験に合格し，新たに弁護士市場に参入している。

1．許　可　条　件

　弁護士として登録するためには，ドイツでは大学法学部での教育の後に第1回国家試験，そして，それに続く2年間の司法修習[1]を終えた後に，第2回国家試験に合格する必要がある（ドイツ連邦弁護士法4条）。両方の国家試験は，すべての法律家に対する統一試験であり，弁護士業に特化したものではない。憲法上保障された職業の自由（基本法12条）に基づいて，需要に応じて調整，

---

[1]　かかる司法修習の期間は，修習生は月額1172ユーロの給料を支給される。

あるいは，その他のアクセスを規制することは行われない。年齢制限は存在しない。もっとも，現役の公務員（大学教授も含めて）あるいは裁判官は除外されている。登録申請者は，それぞれの事件毎に対して，最低 25 万ユーロ（約 3425 万円）を超える職業責任保険（Berufshaftpflichtversicherung）を締結する必要があり（ドイツ連邦弁護士法 51 条），かつ，いずれにしても原則として事務所を開いて，これを維持しなければならない（ドイツ連邦弁護士法 27 条 1 項）。新人弁護士は弁護士会によって登録許可された後（ドイツ連邦弁護士法 12 条）[2]，きわめて競争の激しい比較的飽和状態にあるマーケットにおいて自らの収入を確保することを試みなければならない[3]。

2．企業内弁護士資格者

もっとも，登録された弁護士の総数は，パートタイムでのみ弁護士業を営む者，ならびに，企業の法務部または法律関連の出版社などにおいて勤務している少なからずの弁護士は，もっぱら弁護士の肩書きをもっていること，あるいは，弁護士年金の分け前に与ることができることに価値を見出している者，すべてを含んだ数である。これが，そのまま維持されるかは，今のところ不確定のままである。なぜならば，ドイツ連邦社会裁判所が，かかる企業内弁護士は弁護士年金だけではなく，それに加えて法定の社会保障保険料も支払わなければならない，と判示したからである。これは経済的にはほとんど実行不可能である[4]。

---

2) 弁護士会の会費は，収入額に関係なく，年間 230 ユーロである。
3) Der Rechtsdienstleistungsmarkt 2030 – das Executive Summary, AnwBl 2013, 384 参照。
4) BSG NJW 2014, 2743. 批判的なのは，*Ewer*, Der Syndikusanwalt ist eine Errungenschaft – kämpfen wir dafür, AnwBl 2014, 683 ; *Prütting*, Die Folgen der BSG-Urteile : Berufsverbot für die deutschen Syndikusanwälte ?, AnwBl 2014, 788 ; *Thietz-Bartram*, Friedenssicherung in der Anwaltschaft – ein Appell, AnwBl 2014, 791.

3．弁護士比率

 2013年におけるドイツの人口は8062万人であり，弁護士比率は496人に1人となっている。ドイツは，ヨーロッパにおいてもかなり弁護士比率は高いとされている。イタリアとスペインだけがドイツよりも人口1人あたりの弁護士比率が多いとされている。ちなみに，フランスはドイツの約3分の1の弁護士比率であり，オランダも少なくともドイツの2.5分の1の弁護士比率とされている。

 弁護士数はかなり多いので，今日では1人または複数の弁護士が登録されていない市町村はほとんど存在しない。しかし，当然のことながら弁護士は大都市経済圏に集中している。その点で，トップクラスはミュンヘンであり，登録弁護士数は2万748名，これに続いてフランクフルトの登録弁護士数は1万8061名，ハムの登録弁護士数が1万3767名，ベルリンの登録弁護士数は1万3664名，ケルンの登録弁護士数が1万2689名およびデュッセルドルフの登録弁護士数が1万2208名である。ちなみに，チューリンゲン州全体においては，2052名の登録弁護士が存在し，メッケンブルク・フォアポマン州全体では，1567名の登録弁護士しか存在しない。

4．年齢構成

 ドイツの弁護士の平均年齢はおよそ10年前までは44歳であった。弁護士の大部分，すなわち，36％弱が30歳から40歳，30％弱が40歳から50歳，17％が50歳から60歳，7.5％が60歳から70歳，3％弱が70歳以上であった。残りの8％弱が30歳以下のもっとも若い層となっている。

II. 弁護士の専門化

1．専門弁護士

 厳しい競争を伴うマーケットにおいては，弁護士は，当然のことながら，特

別の知識を有しているという広告によって依頼者を自らに引き寄せようと努力する[5]。約20年前から，弁護士は，「専門弁護士」という肩書きを名乗ることができることになった（ドイツ連邦弁護士法43 c条）。専門弁護士の数は1970年以来継続的に増えている。1970年には1035名であり，弁護士全体の4.52％であったのが，2014年には5万4139名で，弁護士全体の33.28％にまで増加している。

その間に，税法，行政法，刑事法，家族法，労働法，社会法，倒産法，保険法，医事法，賃貸借および住居法，交通法，建設および建築法，相続法，運輸および運送法，工業所有権保護，商法および会社法，著作権およびメディア法，情報技術法，銀行および資本市場法，そして農業法が専門弁護士として認められてきている（専門弁護士法1条）[6]。最も大きなグループは，9713名の労働法専門弁護士，9181名の家族法専門弁護士，4864名の税法専門弁護士が形成している。家族法専門弁護士のうち，56％弱の平均を超える高い割合を構成している5139名が女性の弁護士である。2013年には，工業所有権法の専門弁護士において比較的大きな増加が見られた，すなわち，34.5％の増加が見られた295名の専門弁護士である。弁護士は，最大で三つの法領域において専門弁護士となることができる（ドイツ連邦弁護士法43 c条1項3文）。

専門弁護士の肩書きを取得するためには，弁護士は，当該専門領域において理論的な知識について試験で証明する必要があり，かつ，かかる領域において実際に処理した比較的多くの事件数を証明しなければならない（専門弁護士法3条，5条）。比較的広い事件の多様性を持っている比較的小さな法律事務所にとって，また，パートタイムで活動している弁護士にとって，特定の一部の領域において年間の最低事件数を達成することは不可能である。

---

5) *Kilian*, Der Reiz des Fachanwaltstitels aus Sicht von Nicht-Fachanwälten, AnwBl 2014, 296.

6) Fachanwaltsordnung idF vom 22.3.1999 (m. mehrfachen Änderungen) ; aktuelle Fassung abgedruckt in Schönfelder, Deutsche Gesetze, Ergänzungsband, Nr. 98/2.

2．重点的な活動に関する広告

　弁護士のための職業法（BORA）6条および7条によれば，弁護士は，さらに自らのサービスや自分自身についても客観的に情報提供し，かつ，重点的な活動としての法の一部領域を広告することが認められている。これに関しては，新聞広告，電話帳およびウェブサイトなどがかなり利用されている。今日，すべての法領域をカバーできる弁護士はほとんどいない。「一般的な法律事務所」から，高度に専門化された，いわゆるブティック的な法律事務所，さらには広い範囲で国際的に活動している大規模法律事務所まで広い多様性が存在している。

3．弁護士と兼職

　最後に，登録されているドイツ連邦諸州の弁護士のうち5827名が弁護士公証人（Anwaltsnotar）として活動している。795名の外国人弁護士が登録されている。617名の弁護士は同時に公認会計士（Wirtschaftsprüfer）であり，2173名の弁護士が同時に税理士（Steuerberater）であり，そして453名の弁護士が同時に宣誓した簿記監査士（Buchprüfer）である。

III．弁護士業の組織形態

1．伝統的な弁護士業務形態

　弁護士は，伝統的に個人弁護士として，あるいは，1人または複数の他の弁護士と一緒に事務所共同体（Bürogemeinschaft）[7]において活動している。新規の弁護士は，しばしば勤務弁護士または弁護士の単なる自由な職員として業務を開始する[8]。すべての弁護士は，他の弁護士と民法上の組合という法形式

7）　*Offermann-Burckart*, Anwaltliches Gesellschaftsrecht – Bürogemeinschaft, Kooperation, EWIV, AnwBl 2013, 858 参照。

8）　*Koch*, in Henssler/Prütting, BRAO, 3. Aufl. 2010, § 2 Rn. 18 ff. 参照。

における共同経営法律事務所（Sozietät）を設立することができる[9]。かかる共同経営法律事務所は，小規模，すなわち，たった2人で経営している場合もあれば，複数の事務所において地域を越えて活動している場合もある。共同経営法律事務所は対等なパートナーから構成されている。しかし，共同経営法律事務所を，事実上は若干の（固定給だけで配当を受けない）勤務弁護士だけからなる仮装共同経営法律事務所（Scheinsozietät）として構成することも可能である[10]。

2．弁護士法人等（Anwaltskapitalgesellschaften）

かかる伝統的な形式と並んで，ドイツ連邦弁護士法59 c条以下で認められている弁護士有限会社（Rechtsanwalts-GmbH）も存在する。現在，ドイツ連邦領域には654の弁護士有限会社（Anwalts-GmbH）[11]が存在しており，その他に26の弁護士株式会社（Rechtsanwalts-AG）[12]および3364のパートナーシャフト組合（Partenerschaftsgesellschaften）[13]が存在している。2013年7月19日以降，有限（個人）職業責任パートナーシャフト組合（Partnerschaftsgesellschaft mit beschränkter Berufshaftung）（パートナーシャフト組合法8条4項）も存在している[14]。幾つかの大規模法律事務所は外国法形式，たとえば，イギリスまたは

---

9) 実際上の問題については，*Prütting*, Rechtsverwerfungen bei der BGB-Gesellschaft – und die Folgen für Sozietäten, AnwBl 2014, 107；*Deckenbrock*, Das allgemeine Berufsrecht der Berufsausübungsgemeinschaft, AnwBl 2014, 118.

10) *Offermann-Burckart*, Anwaltliches Gesellschaftsrecht – vom schönen Schein zur Scheinsozietät, AnwBl 2014, 13 参照。

11) *Glindemann*, Anwalts-GmbH und das BVerfG：Ende der Diskriminierung?, AnwBl 2014, 214 参照。

12) 弁護士株式会社については特別な法規定は存在していない。*Henssler*, in *Henssler/Prütting* (Fn. 5), Vor §§ 59c ff. Rn. 16 ff. 参照。

13) Partnerschaftsgesellschaftsgesetz vom 25.7.1994 に基づく。*Henssler*, in *Henssler/Prütting* (Fn. 5), Teil 7, S. 1787 ff；*Offermann-Burckart,* Anwaltliches Gesellschaftsrecht – das kleine Einmaleins der PartG, AnwBl 2014, 194. 2013 参照。

14) *Kilian*, Die Partnerschaftsgesellschaft mit beschränkter Berufshaftung, MDR

アメリカ合衆国の有限責任パートナーシップ（Limited Liability Partnership）として活動している[15]。

IV. 弁護士報酬

ドイツ連邦弁護士会の見解によれば，ドイツの手数料制度は，大抵は弁護士に対して適切なサービスに応じた報酬を保障している[16]。いずれにしても費用見積や裁判手続に対して強制的に訴額に応じて設定されている手数料制度は，多くの事例において依頼者が弁護士活動の費用について事前に比較的正確に決定すること可能としている。

1．訴訟代理に対する手数料

弁護士が裁判手続において当事者を訴訟代理する限りにおいて，手数料は法定された報酬以下によって定められる（ドイツ連邦弁護士法49 b 条1項1文）。弁護士は，第一審手続においてはその事務処理に対して訴額に応じて手数料率1.3倍の手続手数料を報酬として得るが（弁護士報酬法VV3100号），手続の終結のための裁判所での口頭弁論への参加や裁判外での協議に対しては1.2倍の期日手数料（弁護士報酬法VV前注3(3)3104号）を獲得する。訴訟係属している事件において和解を締結することに対しては，弁護士は補充的に1.0倍の手数料を獲得する（弁護士報酬法VV1003号）。訴訟係属していない事件を和解で解決した場合には，弁護士は訴額から1.5倍の手数料を獲得する（弁護士報酬法VV1000号）。確かに2013年7月23日の第二次訴訟費用法現代化法は弁護士に対しても手数料率を引き上げたが[17]，手数料の構造それ自体は変更されなかっ

2013, 1137 参照。

15)　*Henssler*, in *Henssler/Prütting* (Fn. 5), Anhang §§ 59c ff Rn. 27, 28 参照。

16)　ドイツ連邦弁護士会のウェブサイト Gebühren und Honorare の見解による。http://www.brak.de/fuer-anwaelte/gebuehren-und-honorare

17)　*Fischer*, RVG – Die wichtigsten Änderungen zur Rechtsanwaltsvergütung, MDR

た。基準より低い手数料は合意することは認められないが，基準より高く設定することは認められている。しかし，法定の手数料と基準より高く設定された手数料との差額は，もっぱら依頼者自身に請求するものであり，勝訴した場合でも相手方に請求することはできない（ドイツ民事訴訟法 91 条 2 項 1 文，弁護士報酬法 3 a 条 1 項 3 号）。

2．裁判外活動のための手数料

2004 年 5 月 5 日の弁護士報酬法が施行されて以来，弁護士は裁判外での活動に対しても自由に手数料を合意することができる。弁護士は，その代わりに法定の手数料に基づいても請求することもできる。手数料の合意は，書面で締結されなければならず，委任状自体に包含されていてはならない。さらに，手数料の合意には，相手方当事者が通常は法定の報酬以上に弁済する必要はない旨を指摘しておかなければならない（弁護士報酬法 VV2300 号）。

裁判外の活動に対しては，弁護士報酬法は基本手数料を定めている。相手方に対する代理に対しては，法定手数料率の 0.5 から 2.5 倍の事務手数料が定められている。裁判外の活動が広範囲に及ぶものであるか，または，難しい案件であった場合にのみ，1.3 倍以上の手数料を請求することができる（弁護士報酬法 VV2300 号）[18]。

3．手数料の合意

弁護士報酬法 34 条は，弁護士は，相手方に対する活動と関係のない裁判外での助言に対しては，手数料の合意を締結すべきであると定めている。かかる合意に至らなかった場合には，弁護士はドイツ民法に基づいて通常の報酬を要求することができる。依頼者が消費者の場合には，第 1 回の助言のための協議に対する手数料は最高額で 190 ユーロ，書面による鑑定意見書の助言や作成に

2013, 881 参照。

[18] *Gerold/Schmidt*, Rechtsanwaltsvergütungsgesetz, 18. Aufl. 2008, VV 2300, 2301 Rn. 25 ff. 参照。

は最高額 250 ユーロまでとなっている。

　報酬の合意の範囲内において，報酬は，原則として自由に合意することができる。実務では，大抵は法定の手数料の何倍もの合意は，清算されるべき対象物の価値の合意であり，タイムチャージの合意（すなわち労働時間による清算），あるいは，最終的にはまったくの概括的な合意である。

　成功報酬（Erfolghonorar）は原則として不適法である（弁護士報酬法 49 b 条 2 項）。依頼者が理性的に考えて自らの経済的な関係に基づいて成功報酬の合意がなければ権利追求が妨げられるであろう場合には，個別事例において例外的にのみ成功報酬が許容されている。その際，裁判手続においては，もし勝訴した際に，法定の手数料のうえに適切な割増手数料が合意されている場合には，敗訴した際には，まったく無報酬であるか，あるいは，法定の報酬よりも少ない報酬を支払うことを合意することも許されている（弁護士報酬法 4 a 条 1 項）。2014 年 1 月 1 日以降は，訴訟費用援助および相談援助の依頼者に対しても，成功報酬を合意することが認められている[19]。

　しかし，契約の自由は無制限ではない。というのは，弁護士報酬法 3 a 条 2 項によれば，弁護士会は，依頼者の申立てに基づいて不適切に高額な報酬に対しては弁護士会による法定の報酬額までの適切な金額に引き下げることができるからである。その点では，弁護士会における手数料の担当職員は，法定手数料の 5 倍から 6 倍を超えない程度の合意は不適切ではないと判断してきた。法定手数料の 5 倍から 6 倍を超えている場合には，手数料が労働時間との関係で正当化しうるか否かについて審査しなければならない。結論的には，タイムチャージは適切かつ労働時間に見合った形式で追体験できうるように説明されなければならない。

　当事者に訴訟費用援助に基づいて弁護士が選任されている場合には，手数料の合意は不適法である。弁護士は，法律に定められている減額された手数料だ

---

19) *Mayer,* Vergütungsvereinbarung : Neues bei Beratungshilfe, pro bono und Erfolgshonorar, AnwBl 2013, 894.

けしか要求することは許されない（弁護士報酬法 3 a 条 3 項）[20]。

4．ドイツ弁護士の所得状況

　2008 年 1 月[21]のケルン・ドイツ経済研究所の調査によれば，ドイツにおける法律事務所ごとのドイツの弁護士は平均年収 38 万ユーロを得ている。売上高は，欧州では中位以下であり，イギリス連邦やオランダ（年収 100 万ユーロならびに年収 96 万ユーロ）のようなトップクラスの諸国よりはかなり下位に位置している。本調査は，弁護士の売上高を国の人口に比例して設定しており，それによれば，ドイツにおいては，弁護士のサービスに対して人口 1 人に 132 ユーロを支出しているが，これに対して，ヨーロッパにおける支出の平均は 263 ユーロとなっている。

　もちろん，ここで問題となるのは，個々の弁護士はかかる売上高に基づいてどれだけ儲けているのか，という点である。アンケートに基づいてインターネット上に公表されている弁護士報酬に関する統計によれば，以下のような数値が明らかになっている。すなわち，2 年から 3 年の職業経験を有する弁護士は平均して年収 5 万 2000 ユーロであり，5 年から 10 年の職業経験を有する弁護士は年収 6 万 3000 ユーロ，10 年以上の職業経験を有する弁護士は年収 7 万 3000 ユーロである。個人で責任を負っている比較的大規模な法律事務所における弁護士は，5 年から 10 年の職業経験者で年収 10 万ユーロを得ており，それ以上の職業経験者では年収約 12 万 4000 ユーロを得ている[22]。これは，もちろん，純粋な平均値である。当然のことながら，報酬額は経済的に大規模な事務所においてはかなり高額である。

---

20) 訴訟費用補助に対する国家支出について比較法的な検討については，*Kilian*, Gedanken zur Kostenrechtsmodernisierung II : Prozesskosten- und Beratungshilfe, AnwBl 2014, 46 参照。

21) *Hardege/Waas*, Rechtsanwaltsvergütung in Europa, Institut der deutschen Wirtschaft Köln, 2008.

22) 2013 年の弁護士事務所の報酬については，http://de.statista.com/statistik/daten/studie/76495/umfrage/-verguetung-in-anwaltskanzlei 参照。

いずれにしても，より少額な訴額の領域においては，ドイツにおける弁護士報酬は，国際的な通常の平均よりもかなり低い状況にある。2008年の世界銀行の調査によれば，ドイツにおける弁護士費用は訴額の6.2％となっている。平均では訴額の11.8％，オランダでは13.7％，そしてイギリス連邦では20％弱となっている。ドイツでは法律で定められている報酬にかなり拘束されているので，弁護士の3分の2は，弁護士報酬は依頼者をめぐる法律事務所間の競争においてはそれほど重要ではない，としている。

　これに対して，より高額な訴額においては，依頼者ごとに3000万ユーロの最高訴額にまで切り詰めているにもかかわらず，ドイツにおける弁護士報酬はその他の国においてよりも部分的にはより高額となっている（弁護士報酬法22条2項）。全体として，この制度は，より大きな経済的な紛争により低所得者層に対する訴訟事件の横断的な補助金で成り立っている。しかし，この制度の限界は，比較的小規模な法律事務所は圧倒的に小規模な依頼者だけを有しており，大規模法律事務所が圧倒的に大規模な依頼者を有していることから明らかになる[23]。

5．弁護士年金

　弁護士年金は弁護士報酬と密接に結びついている。すべての弁護士は（州法で創設されている）弁護士年金の強制加入の会員である。これは，法定の年金保険と同様に形成されている。すなわち，弁護士年金は，養老年金（一般的には67歳から），就業不能年金および遺族年金を提供している[24]。すべての弁護士は（現行では毎月5950ユーロという保険給付の最高額に至るまで）バイエルンにおいては自らの所得から18.9％の強制保険料を支払わなければならないが，少なくと

---

[23] 批判的なのは，*Kilian*, Gedanken zur Kostenrechtsmodernisierung I : Rechtsanwaltsvergütung, AnwBl 2013, 882, 885.

[24] http.//portal.versorgungskammer. Informationen zur Bayerischen Rechtsanwalts- und Steuerberaterversorgung, Stand Januar 2013 ; *Kilger,* Die Rechtsanwaltsversorgungswerke, in Soldan, DAV-Ratgeber.

も毎月 224.90 ユーロの基礎保険料を納めなければならない。もっとも，これによって積み立てられているのは基礎年金だけであるので，より高い収入を得ている弁護士はその他に個人養老年金も積み立てる必要がある。

V. 弁護士倫理

　弁護士は，ドイツ連邦弁護士法1条によれば，独立した司法機関である。同法2条によれば，弁護士は自由業を営んでいる。すなわち，弁護士の活動は営業ではない。同法3条によれば，弁護士は，すべての法律問題に関する独立した助言者かつ代理人である。すなわち，弁護士は，自己の職業的な資格に基づいて，個人的に，自己責任的に，かつ，専門的に独立したより高度な法的サービスを提供しなければならない。仲裁人またはメディエーターとしての活動も許可されている。

　ドイツ連邦弁護士法43条によれば，弁護士は，自らの職業を誠実に行わなければならず，弁護士は，弁護士の地位が要請している尊敬と信頼に値するように行動しなければならない。

　弁護士は，自らの職業的な独立性を危うくするような拘束力を受けてはならない（ドイツ連邦弁護士法43 a 条1項）。弁護士には守秘義務がある（ドイツ連邦弁護士法43 a 条2項）。弁護士は不公正に行動してはならない，すなわち，手続的に何の理由もなく，故意に虚偽を流布したり，または，他の関係者を貶してはならない（ドイツ連邦弁護士法43 a 条3項）。

　弁護士は双方代理することは認められないということは，きわめて重要である（ドイツ連邦弁護士法43 a 条4項）。判例によれば，これは，大規模法律事務所であっても，異なった担当者によって当事者および相手方当事者の訴訟代理をすることは認められていない。離婚事件においては，弁護士は，両方の配偶者が合意による離婚を求めている限りにおいて，両方の配偶者に対して助言を与えて，そのうち一方を訴訟代理することは認められている。離婚それ自体またはそれに後続する事件が争訟性を帯びるや否や，弁護士は一方当事者だけし

か訴訟代理すること認められていない[25]。

　他人の金銭については，弁護士はこれを慎重に取り扱わなければならない。弁護士は，即時に権利者に手渡すか，あるいは，他人の金銭管理目的口座（Anderkonto）に送金する必要がある（ドイツ連邦弁護士法43 a条）。

　また弁護士は，自らの自己啓発を行うことが義務付けられている（ドイツ連邦弁護士法43 b条）。

　弁護士は，自らの職業的な活動について形式と内容に従って事実に即して情報提供する限りにおいて，一般的に宣伝をすることは認められている。これに対して，具体的な個別の依頼者に対してのピンポイントでの宣伝は不適法である（ドイツ連邦弁護士法43 b条）。

　弁護士が企業内弁護士（Syndikusanwalt）として活動している場合には，自己の雇用者を弁護士として訴訟代理することは認められていない（ドイツ連邦弁護士法46条）。

　また，弁護士は，訴訟費用援助および手続費用援助により弁護士が介添えされる場合において当事者を訴訟代理することが義務付けられている（ドイツ連邦弁護士法48条）。

　弁護士会は，弁護士がかかる職業上の義務を遵守することについて監視する（ドイツ連邦弁護士法73条2項3号，4号，74条，113条以下）。弁護士会によるサンクションは，単なる責問ならびに罰金に関する警告から弁護士会退会処分に至るまで広範囲に及んでいる（ドイツ連邦弁護士法74条，114条）。

VI. 展　　望

a）地域的な弁護士の分属性（Lokalisation）はすでに廃止された結果，部分的には，少なくとも，訴訟代理に関しては，弁護士のサービスはかなりの変更が齎された[26]。同じことは，国際的にネットワークを構築している大規模法律

---

25) *Henssler*, in *Henssler/Prütting* (Fn. 5), §43a BRAO Rn. 178 参照。
26) *Henssler/Kilian*, Die Neuregelung des Rechts der OLG-Anwälte, NJW 2002, 2817

事務所における労働形態にも妥当する。

b）予定されている広範囲に及ぶ電子取引の法律の導入はさらなる変革と調整が必要となるであろう。たとえば，特別の電子弁護士郵便私書箱（ドイツ連邦弁護士法31 a 条）の設立ばかりでなく[27]，経済的な投資も必要となるであろう[28]。欧州連合から消費者のために新しく導入されたオンライン紛争解決（On-line Dispute Resolution）は，これまでは国境を超えた事件にだけ適用されてきたが，国境を越えた事件から国内のリーガルサービス市場，そして，法律サービスおよび紛争解決に対しても影響を及ぼす可能性もありうる[29]。

c）ドイツにおいては，幾度となく法曹養成はより一層弁護士養成に向けられるべきではないのか，それとも，統一養成は，他の諸国と同じように，すべて放棄されるべきであるのか，という問題が提起されてきた[30]。2003年当時のドイツ裁判官法5 a 条3 項によれば，大学での法律学の学習においても，たとえば，弁論マネージメント，交渉術，雄弁術，紛争調停，メディエーション，尋問理論およびコミュニケーション能力のような，リーガルサービス実務に必要な重要な資格を含めたリーガルサービスの実務能力も教えるべきであるとされていた。事実，かかるコースは大学においても提供されつつある。しかし，その学習内容は，依然として司法試験の一部とはなっていないので，全体の影響はむしろ比較的少ないままである。したがって，法学部の既卒者は，第2回司法試験の後に実務的な弁護士の活動は，相変わらず実務において習得しなければならない。アメリカ合衆国の法律家との競争が，国際的なリーガルサービス

参照。

27) *Dommer*, Anwaltspostfach für alle, AnwBl 2014, 525 参照。

28) *Bacher*, Elektronischer Rechtsverkehr in der Anwaltskanzlei, MDR 2014, 1053；*v. Daniels*, Advotec：Anwaltssoftware setzt auf Sicherheit, AnwBl 2014, 724 参照。

29) *Engel*, Die stille Revolution der EU：Alternative zum Zivilprozess für Verbraucher, AnwBl 2013, 478；*Grupp*, Legal Tech – Impulse für Streitbeilegung und Rechtsdienstleistung, AnwBl 2014, 660 参照。

30) *Ewer*, Freiheit als Teil der professionellen DNA der Anwaltschaft, DAV fordert Anwaltsausbildung als Zulassungsvoraussetzung, AnwBl 2014, 666 参照。

市場[31]において法曹養成の変更を齎すか否かについては疑問である。

ｄ）住民の人口統計学的な変化（全人口の減少，外国からの移住，高齢化）は，弁護士における変化も齎すであろう。増大する女性弁護士の割合は，子供に優しい職場環境を強制することになるであろう。金融投資家がより一層強く弁護士会社に関与することができるようになれば，リーガルサービス市場の弁護士による独占は，恐らくは弱体化されることになるであろう[32]。しかし，良質なリーガルサービスを提供することができれば，弁護士は，かかる社会の変化も克服するであろう。

---

31) *Reimann,* The American Advantage in Global Lawyering, RabelsZ 78 (2014), 1 参照。

32) Der Rechtsdienstleistungsmarkt 2030 – das Executive Summary, AnwBl 2013, 384； *Henssler,* Anforderungen an ein modernes Anwaltsrecht – Blick ins Jahr 2030, AnwBl 2013, 394 参照。

第4章 ヨーロッパ民事訴訟法

訳 秦 公 正

I. 成　　立

　a）ヨーロッパ民事訴訟法は，はじめはヨーロッパ経済共同体における，その後はヨーロッパ連合におけるヨーロッパ統合の副産物である。1957年3月25日のヨーロッパ経済共同体条約（EWG-Vertrag）は，次のような狙いを持っていた。すなわち，人，雇用，資本の自由な移動により共通の市場を創り出すことである。この目的を包括的に実現するために，ヨーロッパ経済共同体条約（EWGV）220条は，締約国は，"裁判所による裁判ならびに仲裁判断の相互の承認および執行の手続を簡素化する"ために交渉に入らなければならないと規定した。しかしながら，このために民事事件ならびに商事事件について締結された条約，すなわち，1968年9月27日のブリュッセル条約は，内容上，伝統的な承認および執行条約を越えるものであった。というのも，それがヨーロッパ経済共同体構成国相互の関係において排他的かつ直接適用できる国際裁判管轄の規則を含んでいたからである。このヨーロッパ裁判籍と執行に関する条約（EuGVÜ）の2条から24条は，次の10年間においてヨーロッパ民事訴訟法にまで発展する，その中核を形成した[1]。

　まず最初に，このようなことだけが起こった。すなわち，1988年のルガノ条約によって，ブリュッセル条約の規定が，実際に（当時の）EFTA構成国に対する関係に転用されたことである。

---

1) *Spellenberg,* Das Europäische Gerichtsstands- und Vollstreckungsübereinkommen als Kern eines europäischen Zivilprozeßrechts, EuR 1980, 329 参照。

b）この法状況は，1999 年 5 月 1 日のヨーロッパ共同体のアムステルダム条約によって決定的に変化した。というのも，ヨーロッパ共同体が，いまや，"自由，安全，司法領域"を形成することになったからである（EGV61 条）。それを創り出すため，アムステルダム条約はヨーロッパ共同体自身に以下の権限を付与した。すなわち，権利へのアクセスを容易にし，国境を越える関係をもつ民事事件における裁判所の協力を発展させる権限である。ただし，これは域内市場の機能化にとって必要な場合に限られる（EGV65 条）。それに基づいて，矢つぎばやに 2000／2001 にかけて五つの規則（すなわち，すべての構成国に直接適用可能な法律）が公布された：

(1) ブリュッセル条約を現代化したブリュッセルⅠ規則（2000 年 12 月 22 日の Nr. 44／2001）[2]

(2) 婚姻事件と両親の責任事件における管轄に関するブリュッセルⅡ規則（Nr. 1347／2000）

(3) 送達に関する規則（Nr. 1348／2000）

(4) 証拠収集規則（Nr. 1206／2001）[3]

(5) 倒産手続に関する規則（Nr. 1346／2000）[4]

短い時間の後，ブリュッセルⅡ規則は，改正ブリュッセルⅡa規則（Nr. 2201／2003）[5] によって，送達に関する規則は新たな送達に関する規則（Nr. 1397／2007）[6] によってとって代わられた。さらに，ルガノ条約は，新たな規定，すなわち，2007 年 10 月 30 日のルガノ条約[7] によって，ブリュッセルⅠ規則に適合させられた。

c）その後，2005 年から，ヨーロッパ共同体はいわゆる"第二世代"の一連

---

2) ABl EG 2001 L 12/1.

3) ABl EG 2001 L 174/1.

4) ABl EG 2000 L 160/1.

5) ABl EG 2003 L 338/1.

6) ABl EG 2007 L 324/79.

7) ABl EG 2007 L 339/3. Das neue Lugano Übereinkommen gilt seit 2011 gegenüber der Schweiz, Norwegen und Island.

の規則を公布した。その特徴は，その適用範囲にある裁判は，すべての構成国において，直接，執行宣言なしに執行できるというものである。さらに，これらの規則は，内国裁判所での手続に対して独特な要求を定めている。

　このグループには，以下のものが属する。

(6)　(争いのない債権についての) 債務名義創設規則（Nr. 805／2004）[8]

(7)　督促手続規則（Nr. 1896／2006）[9]

(8)　"少額請求訴訟" 規則（Nr. 861／2007）[10]

(9)　扶養事件に関する規則（Nr. 4／2009）[11]

扶養事件に関する規則は，本来，このグループを越えるものである。というのも，それは，準拠法についての規則をも含んでいるからである。

d）それと並んで，ヨーロッパ連合は，構成国の法律をお互いに調整するために，さらにいくつかの訴訟上の内容を持つ指令（枠組法）を公布した。ここには，以下のものが属する。

(1)　国境を越える事件における訴訟費用の援助のための最低限の規則に関する 2002／8／EG 指令[12]

(2)　知的所有権の実現のための 2004／48／EG 指令[13]

(3)　民事事件と商事事件におけるメディエーションの観点に関する 2008／52／EG 指令[14]

(4)　消費者利益の保護のための差止請求訴訟に関する 2009／22／EG 指令[15]

---

8)　ABl EG 2004 L 143/15.
9)　ABl EG 2006 L 339/1.
10)　ABl EG 2007 L 199/1.
11)　ABl EG 2009 L 7/1.
12)　ABl EG 2002 L 136/3.
13)　ABl EU 2004 L 195/16.
14)　ABl EU 2008 L 136/3.
15)　ABl EU 2009 L 110/30.

(5) 消費者事件における代替的紛争解決に関する 2013 ／ 11 ／ EU 指令[16]

e）これらの規則を実務に実際に移すために，2001 年 5 月 28 日の理事会決定によって，ヨーロッパ司法ネットワーク（das Europäische Juristische Netzwerk）[17]がつくられ，それは 2009 年 6 月 18 日の理事会決定[18]によって修正された。

f）昨年の規則は，内容上，"第二世代" に属しているが，異なるものを示している。

もっとも重要なのは，間違いなく，ブリュッセル I 規則の新規定（Nr. 1215 ／ 2012）[19]であり，それは 2015 年 1 月 10 日から適用可能となり，執行宣言の手続を廃止する。

同じく保護措置に関する規則（Nr. 606 ／ 2013）[20]（2015 年 1 月 11 日から適用可能）は，ヨーロッパ債務名義を創り出す。相続権に関する規則（Nr. 650 ／ 2012）[21]（2015 年 8 月 17 日から適用可能）は，相続規則（Erbstatut）も規定しており，ヨーロッパ相続財産目録（Europäisches Erbrechtszeugnis）を導入するが，ブリュッセル I 規則による執行宣言手続（Nr. 44 ／ 2001）を維持している。

消費者事件におけるオンライン紛争解決に関する規則（Nr. 524 ／ 2013）[22]（2016 年 1 月 9 日から適用可能）は，インタラクティブ Web サイトとしての OS プラットフォームを作り出す予定であり，それはオンラインで埋めることができる書式を用いて，国境を越える消費者の苦情を権限のある代替的な紛争解決所に送付することを助けることになる。

もっとも新しい規則は，2014 年 5 月 15 日の銀行口座の仮差押え（Nr. 655 ／

---

16) ABl EU 2013 L 165/63.
17) ABl EG 2001 L 174/25.
18) ABl EU 2009 L 168.35.
19) ABl EU 2012 L 351/1.
20) ABl EU 2013 L 181/4. Diese ergänzt die Richtlinie 2011/99/EU über die Europäische Schutzanordnung (in Strafsachen) vom 13.12.2011, ABl EU 2011 L 338/2.
21) ABl EU 2012 L 201/107.
22) ABl EU 2013 L 165/1；Entwurf der Kommission KOM (2011) 794.

2014) のための規則である (2017 年 1 月 18 日から適用可能)[23]。それは，国境を越える事件において債権者が，名義の執行を保全するために債務者の外国口座を暫定的に差し押さえることを可能にする。しかも，イギリスの凍結命令（Freezing Order）の例に従って，存在の可能性が非常に高い主たる債権を将来実現できるようにするため，他の EU 構成国にある口座預金を訴訟の開始前に国境を越えて差し押さえることができることになる。

g）しかし，それで終わりではない。最新の規則がすでに政治的に承認されており，それゆえ，近いうちにおそらく発表されるだろう。

(1) （夫婦のための）財産制に関する規則[24]
(2) （登録されたパートナーシップのための）財産制に関する規則[25]
(3) 公文書の自由な移動に関する規則[26]

さらに，倒産手続に関する規則[27]ならびに少額請求訴訟規則と督促手続規則[28]が修正前の状態にある。

(4) 競争法における（個別国家法による）損害賠償の訴えに関する指令[29]は，最終的な成立直前にある。
(5) 最後に，私は，統一ヨーロッパ特許裁判所[30]の設置が間近に迫っていること，これが EU の機関としてではなく，統一特許に関係するすべての

---

23) ABl EU 2014 L 189/59 ; Entwurf der Kommission KOM (2011) 445.
24) KOM (2011) 126.
25) KOM (2011) 127.
26) KOM (2013) 228.
27) KOM (2012) 744.
28) KOM (2013) 794.
29) KOM (2013) 404 ; Empfehlung der Kommission vom 11.6.2013 (2013/396/EU), ABl EU L201/60. Mitteilung der Kommission zur Ermittlung des Schadensumfangs, C (2013) 3440 ; Steinle, Kartell schadenersatzrichtlinie-Auf dem Wegzum Sanktions-Overkill ?, EuZW 2014, 481. Die Richtlinie 2014/104/EU ist iuzwischen am 26. 11. 2014 erlassen worden (ABlEU 2014 Nr. L 349/1).
30) 2013 年 2 月 19 日の統一特許裁判所に関する条約により，裁判所の主たる所在地はパリとされた。

構成国の国家裁判所として活動するものとはいえ，に言及すべきであろう。

これらすべてを総合するならば，ヨーロッパ民事訴訟法は，すでにかなりの領域に達している。すでに国内民事訴訟法の意義の喪失が話題になっている[31]。しかし，我々は全 EU 構成国のための統一民事訴訟法[32]からはかなり離れている。それは，とくにヨーロッパ機能条約 (AEUV) 81 条 2 項が，EU に域内市場の機能化に必要な措置を出す権限のみを認めているにすぎないからである。

h) 現在 28 ある EU 構成国における法規の充足が統一的に解釈されるようにするため，ヨーロッパ機能条約 (AEUV) 267 条 2 項に従い，EU 構成国の各々の裁判所が，解釈に関する先決判決を出してもらうために，ヨーロッパ司法裁判所を利用することができる。最終審裁判所は，提示を義務付けられる (AEUV267 条 3 項)。さらに，必要があれば，現在では，ヨーロッパ司法裁判所は短縮された迅速手続において裁判することもできる。

II. 国際裁判管轄の統一システム

1．一般原則

a) ヨーロッパ規則の主な特徴と重要な前進は，それが条約，あるいは，1999年からの規則によるにせよ，国際裁判管轄に関する統一的な規定を含んでいることにある。統一的な司法領域の創出により，ある者がどのような要件のもと，その住所国のみならず，他の構成国の裁判所においても裁判を義務付けら

---

[31] *H. Roth,* Zum Bedeutungsverlust des autonomen Internationalen Zivilprozessrechts, in Roth, Europäisierung des Rechts, 2010, S. 163 参照。

[32] Wie sie Marcel/Storme erträumt hat ; *s.Storme,* Rapprochément du droit judiciaire de l'Union Européenne, 1994 ; *ders.,* Rechtsvereinheitlichung in Europa. Ein Plädoyer für ein einheitliches Prozessrecht, RabelsZ 1992, 290 ; *ders.,* A single civil procedure for Europe : A Cathedral Builders' Dream, Ritsumeikan Law Review Int. Ed. 2005, 87.

れるかにつき，すべての EU 市民にとって法的安定性が生じる。このシステムは，EU 市民の保護に役立ち，非構成国の構成員の保護には役立たない（ブリュッセル I 規則 3 条）。第三国に住所をもつ当事者に対しては，それぞれの国の管轄規定が，それが過剰管轄（exorbitante Zuständigkeit）を規定していたとしても，引き続き適用される（ブリュッセル I 規則 4 条）。

b）被告がその手続に参加しない場合，裁判所は，管轄権を有するかどうかを職権で調査し（ブリュッセル I 規則 26 条），管轄を有しない場合には訴えを却下しなければならない。

　二つあるいはいくつもの構成国の裁判所が同一の事件につき利用されれば，最初に呼び出された裁判所がその管轄を否定するまでは，たとえそれに不当に長い時間が必要だとしても，時間的に優先する訴訟係属が厳格に守られなければならない（ブリュッセル I 規則 27, 30 条）[33]。このようにして，可能な限り，別々の EU 構成国の裁判所が矛盾する判決を言い渡すことが避けられることになる。

c）さらにこの管轄システムの特徴は，以下のことにある。すなわち，それは，そのシステムにより管轄権を持つ裁判所がその事件を本案についても裁判しなければならず，ある別の国にある"より適切な"裁判所を考慮して本案の裁判を拒絶する権限を持たないことである。別の表現をすれば，"フォーラム・ノン・コンヴィニエンス"による訴えの却下や手続の停止は許されない[34]。

d）その種の統一管轄システムは，一貫して，全 EU 構成国がお互いにその裁判所がこの管轄規則を正しく適用することを信頼することが前提になっている。それゆえ，第二の EU 構成国における裁判の承認および執行に際し，第一裁判所の国際裁判管轄は原則としてもはや調査されない。その点で，公序コントロールもなされない（ブリュッセル I 規則 35 条 1 項）。

e）このお互いの信頼に基づき，さらに以下のことが導かれる。すなわち，呼

---

33) EuGH (9.12.2003, C-116/02) Slg. 2003, I, 14693 (Gasser v MISAT).
34) EuGH (1.3.2005, C-281/02) Slg. 2005, I-1383 (Owusu v Jackson).

び出されたそれぞれの裁判所は自らの責任でその国際裁判管轄の存在あるいは不存在を判断することである。それゆえ，一方当事者の EU 構成国の裁判所が，他の EU 構成国の裁判所での手続の実施（続行）を仮処分（"訴訟中止命令（anti-suit injunction)"）により差し止めることは許されない[35]。この理由に基づき，そのような仮処分は，仲裁裁判所のために発することも許されない[36]。

2．管轄規則概説

a）民事事件ならびに商事事件に対しては，もっとも古い管轄規定が存在する。それは，すでに，1968 年のブリュッセル条約に含まれていた。それは細部において何度も修正され，とくにブリュッセル I 規則（Nr. 44／2001）によって修正された。2015 年 1 月 10 日からこの規則は新たにブリュッセル I a 規則（Nr. 1215／2012）によって規定される[37]。

b）(1)　家事事件においては，いわゆるブリュッセル II a 規則（Nr. 2201／2003）が離婚手続（3 条以下）と親権についての手続（8 条以下）のための管轄を規定している。その 10 条以下は詳細な規定を含んでおり，子の連れ去り（多くの場合は両親間）の場合に行われているのと同様である。

(2)　さしあたり，扶養事件は民事事件として扱われてきた。すなわち，ブリュッセル I 規則 5 条 2 号は特別な管轄を規定した。この規定は，2011 年 6 月 18 日から扶養事件に関する規則 Nr. 4/2009 の 3 条以下の詳細な規定によってとって替わられた。

(3)　夫婦共有財産制に基づく財産法上の請求に関する紛争は，これまで"民事事件"から除外されている（ブリュッセル I 規則 1 条 2 項 a) 号）。そのため，その限りで内国規定がこれまで適用されている。夫婦財産制の領域における紛争に関する規則[38]および登録されたパートナーシップ財産制の

---

[35]　EuGH (27.4.2004, C-159/02) Slg. 2004, I-3565 (Turner v Grovit).
[36]　EuGH (10.2.2009, C-185/07) Slg. 2009, I-663 (Allianz v West Tankers).
[37]　ABl EU 2012 L 351/1.
[38]　KOM (2011) 126/2.

領域における紛争に関する規則[39]が最終的に可決，施行されると，これは近々変更される。

c）相続法上の紛争もこれまで民事事件から除かれている（ブリュッセルⅠ規則1条2項a）号）。しかし，2015年8月17日からこの欠陥も相続権に関する規則（Nr. 650 ／ 2012）の4条以下によって閉じられる。

d）最後に，倒産手続に関する規則（Nr. 1346 ／ 2000）[40] 3条における国境を越える倒産手続の開始のための国際裁判管轄の統一規定は，重要な経済的な意味を持っている。

3．個々の重要な管轄

a）普通裁判籍

民事事件と商事事件においては，まず第一に普通裁判籍，つまり，あらゆる請求を理由として人が訴えられうる場所が重要である。被告の保護のため被告の住所に結び付けられる（ブリュッセルⅠ規則2条1項）。会社と法人は，選択的に，定款上の場所，管理の中心地，あるいは，主たる事業地で訴えられうる（ブリュッセルⅠ規則60条）。新規定も，この結びつきを維持している（ブリュッセルⅠa規則4条1項）。

取引の相手方を保護するため，会社は，追加的に営業所の活動から生じるすべての請求権に関して，その営業所がある場所で（独立した子会社の営業所を除く），訴えられうる（ブリュッセルⅠ規則5条5号）。

b）特別裁判籍

しかし，国際的な取引においては，具体的に争いのある法律関係が被告の住所／居所に関係しないことがよくある。それゆえ，ブリュッセルⅠ規則は法的な追求を容易にするため，事件が客観的に他の構成国と十分な関係をもつ場合に，その構成国における特別裁判籍を規定している。

---

39) KOM (2011) 127/2.
40) ABl EG 2000 L 160/1.

(1) 義務履行地の裁判籍

契約上の請求であることを理由として（さらに，これだけを理由とするときでも），被告は，争いとなっている債務の義務履行地がある構成国においても訴えられうる（ブリュッセルⅠ規則5条1号）。

ブリュッセル条約によれば，それぞれの主たる債務の義務履行地は，契約上の債権債務関係の準拠法によって別々に決められていた[41]。

この解決策はとくに二つの理由から鋭く批判された。すなわち一つは，売買といった双務契約の場合に主たる債務に結び付けることが，場合によっては別々の構成国における義務履行地につながり，それにより両契約当事者が権利を有すると信じ，義務履行地で訴えた場合，実体上，矛盾する裁判の危険につながるというものである。そのうえ，国際債務法においては契約自由が存在するから，自由に選ばれる債務契約の規約へ結びつけることは，場合によっては不意打ちで，両当事者が必ずしも考えていない結果につながるというものである。

ブリュッセルⅠ規則による5条1号の新たな規定において，この批判は，重要な部分的成果を得た。新しく挿入された1号ｂによれば，売買と雇用契約の義務履行地は契約統一的に，商品が（現実に）引き渡された地（あるいは，引渡されなければならなかった地）と，労務が（現実に）提供された地（あるいは，提供されなければならなかった地）にある。それによれば，よくある遠隔地売買の場合，裁判籍は商品が買主に引き渡された場所にあり，しかも，"工場渡し"による引渡しが合意されていた場合もそうである[42]。

しかし，1号ｂでは，以下の点が不明瞭であった。すなわち，この規定が"別の合意がない限り"，引渡地，あるいは，労務の提供地への結びつきにあてはまることになるかという点である。上で述べたように，ヨーロッパ司法裁判所は，次のような見解に立つ。すなわち，"工場渡し"による引渡しの合意は，商品の危険の移転を規定しているだけであるが，訴訟上の義務履行地を別にす

---

41) EuGH (6.10.1976, C-12/76) Slg. 1976, 1473 (Tessili v Dunlop).

42) EuGH (9.6.2011, C-87/10) Slg. 2011, I-4987 (Electrosteel v Edil).

る合意を含まない，というものである。しかし，別段の合意は，以下のような場合に考慮されるべきである。すなわち，それがたとえばINCOTERMS2000のような，国際的に承認された商事約款の合意を通して，明示的あるいは合理的に行われている場合である[43]。

しかし，1号bは，義務履行地がEU構成国にある場合で，売買と雇用に対してのみ適用される。それとは反対に，その他の契約[44]とEU非構成国に義務履行地があるすべての契約に対しては，これまでの分裂したIPR解決策（ブリュッセルⅠ規則5条1号a, c）に依然としてとどまっている。

(2) 不法行為地の裁判籍

不法行為に基づく損害賠償においては，"侵害の結果が発生した"場所で訴えることができる（ブリュッセルⅠ規則5条3号）。この文言にもかかわらず，被侵害者が侵害行為が行われた場所，あるいは，侵害が発生した場所で訴えを提起できることには常に争いがなかった[45]。

双方の場所の決定は，場合によっては，困難を生じさせる。最終顧客が製造物責任に基づき製造者を訴えれば，行為地は，企業内の製造場所と同一視された[46]。

個人の名誉が新聞記事によって侵害された場合，行為地は，新聞の製造場所と販売場所である。この場合，全損害を請求することができる。新聞が他のEU構成国でも販売される場合も，そこにそれぞれ侵害地がある。しかし，この国においては，そこで被った（一部の）損害のみを訴求することしかできない[47]。

さらに難しいのは，インターネットにおける人格権の侵害の場合である。ヨ

---

43) EuGH (9.6.2011, C-87/10) Slg. 2011, I-4987 (Electrosteel v Edil).
44) EuGH (14.3.2013, C-419/11) (C'eska spořitelna v Feichter) 参照。
45) EuGH (30.11.1976, Rs. 21/76) Slg. 1976, 1735 (Bier v Mines de Potasse d'Alsace) ; EuGH (19.4.2012, C-523/10) (Wintersteiger v Products 4U).
46) EuGH (16.1.2014, C-45/13) (Andreas Kainz v Partherwerke).
47) EuGH (7.3.1995, C-68/93) Slg. 1995, I-415 (Fiona Shevill v Press Alliance).

ーロッパ司法裁判所はこの場合，以下のように法的追求を限定した。すなわち，被侵害者はその全損害を行為地，すなわち，ウェブサイト公開についての責任者が住所／居所を有するEU構成国において訴求することができるが，さらに主たる侵害地，つまり，被侵害者が（現実に）"その主たる利害の中心を有する"国において訴求することもできる。ウェブサイトを利用することができるそれ以外のすべてのEU構成国においては，そこで被った部分的な損害しか訴求することができない[48]。問題のある情報があるサーバーを経由して公開された場合，そのサーバーがある場所は無関係である。

（特許，商標のような）領域に限定された権利の侵害の場合，不法行為地の裁判籍においては，それぞれのEU構成国において被った損害しか主張することができない。

c）消費者事件の管轄

　EUでは，消費者は裁判籍においても特別な保護を享受している。消費者とは，私的な（職務上や営業上ではない）目的のために契約を締結した者である（ブリュッセルI規則15条1項）。そのような消費者が他のEU構成国の事業者と契約した場合，消費者は，その事業者をその住所／居所のある場所で訴えることができるが，さらに，自らの住所がある裁判所においても訴えることができる（ブリュッセルI規則16条1項）。そのうえ，後者のケースは，消費者がその間に住所を他の構成国に移した場合にもあてはまる。逆に，事業者は消費者をその現実の住所があるEU構成国においてしか訴えることができない（ブリュッセルI規則16条2項）。もちろん，そのための要件は，事業者が消費者の住所がある国においてその活動を行っているか，あるいは，その活動を"何らかの方法で……この構成国に合わせている"ことである（ブリュッセルI規則15条1項c）号）。この"合わせている"が意味することは，とくにEコマースにおいて疑問が生じる。確かにその要件は，消費者がすでにPC上で契約を締結することができる"能動的な"ウェブサイトの場合には確実に満たされる。しかし，

---

[48]　EuGH (25.11.2011, C-509/09 and C-161/10) Slg. 2011, I-10269 (eAdvertising).

"受働的な"ウェブサイトも，それがその形によれば，一般にその住所がある国の消費者に（も）向けられている場合には十分である。ヨーロッパ司法裁判所の見解によれば，個別のケースのあらゆる事情（言語，通貨，経路説明（Anfahrtsbeschreibung）や国家の方針であることを推論させるその他の事情）が考慮されなければならない[49]。

事業者がその活動を客観的に消費者の住所国に向けていれば，消費者は契約締結がその活動に基づいていることの因果関係を証明する必要はない[50]。それとは逆に，消費者自らが外国で取引に入って契約を行った場合，事業者が消費者の住所国で何がしかの宣伝を行っているのでなければ，その消費者は保護されない。

4．管轄の合意

義務履行地の合意と並んで，国境を越えるほぼすべての契約において管轄の合意が見られる。EUは，国際取引を促進し，当事者の自由を尊重すること，場合によっては"中立の"裁判所の管轄を選択する自由を尊重することも望んでいる。それゆえ，管轄の合意は一般に許容され[51]，疑わしい場合に排除される（ブリュッセルI規則23条1項2文）。その合意は，それがブリュッセルI規則の23条1項に規定されている形式で締結された場合に限り，有効である。もしそうであれば，当事者は実際に合意したことが推定される[52]。形式の要求はわずかである。すなわち，書面性は，Eメールの交換によってすでに充たされる（ブリュッセルI規則23条2項）。

---

49) EuGH (7.12.2010, C-585/08 u.C-144/09) Slg. 2010, I-12527 (Pammer v Reederei Schlüter u.Hotel Alpenhof v Heller).

50) EuGH (17.10.2013, C-218/12) (Lokman Emrek v Vlado Sabranovic).

51) Beschränkungen bestehen zum Schutz der „schwächeren" Vertragspartei in Versicherungs-, Verbraucher- und Arbeitsvertragsstreitigkeiten (Art. 13,17,21 Brüssel I-VO ; ausgeschlossen sind sie in den Fällen ausschließlicher Zuständigkeit (Art. 22 Brüssel I-VO).

52) EuGH (9.11.2000, C-387/98) Slg. 2000, I-9337 (Coreck Maritime v Handelsveem).

EU構成国の裁判所の管轄が合意され，当事者の一方がその住所／居所を構成国に有していれば，23条が適用できる。他方当事者は，EU非構成国に居住していてもよい[53]。

　ブリュッセルⅠ規則の新たな規定は，両当事者がEU非構成国に住所を有している場合でも，将来，あらゆる管轄合意がEU構成国の裁判所の有利に把握される点において拡大をもたらす。

　これまでの解決策は，とくにイギリスの法律家の側における多くの批判を惹き起こした。その批判とは，管轄の合意に反して提起された訴えが，にもかかわらず（さしあたり）合意管轄裁判所における法的追求をブロックし，一方当事者がこのいわゆる魚雷（Torpedo）を法的追求を引き延ばすことを意図して装填できるという批判である。それとは逆に，管轄合意に関するハーグ条約は，（蓋然性のある）合意管轄裁判所の優先性を規定している（ハーグ条約6条）。

　この解決策は，ブリュッセルⅠ規則の新たな規定に受け継がれた。ブリュッセルⅠa規則31条2項によれば，呼び出されるすべての裁判所は，専属的に管轄合意された裁判所の優先権限を顧慮しなければならず，合意された裁判所がその管轄権を否定するまで手続を中止しなければならない。ブリュッセルⅠ規則の新たな規定の検討理由22が明示的に説明しているように，この規定の意義は，将来的に魚雷訴訟（Torpedoklagen）を阻止することにある。

III. 承認および執行宣言のシステム

1. 自動承認

　すでにブリュッセル条約（26条1項）と同様に，ブリュッセルⅠ規則33条1項は，全構成国の裁判の自動承認原則から出発している。それに関して争いがあれば，それぞれの当事者は，簡素な，執行宣言手続と同一の決定手続において承認適格を確認させることができる（ブリュッセルⅠ規則33条2項）。

---

[53] EuGH (13.7.2000, C-412/98) Slg. 2000, I-5925 (Group Josi v UGIC) ; EuGH (1.3.2005, C-281/02) Slg. 2005, I-1383 (Owusu v Jackson).

実質的確定力のある裁判のみならず，まだ取消可能であり，暫定的な種類のものであったとしても，あらゆる種類の裁判所の裁判が承認される（ブリュッセルⅠ規則32条）。裁判上の和解と執行証書も"承認される"（ブリュッセルⅠ規則57条，58条）。

2．執行宣言手続

a）第一審の一方的決定手続（Einseitiges Beschlussverfahren）

すでに1957年のヨーロッパ経済共同体（EWG）条約は，民事事件における裁判の承認および執行宣言を簡素化する狙いをもっていた。それゆえ，ブリュッセル条約とブリュッセルⅠ規則（38条以下）は，第一審において債務者と被申立人が関与しない簡易決定手続を規定している（ブリュッセルⅠ規則41条2文）。

ブリュッセル条約によれば，裁判所は執行宣言が承認拒絶事由に反しないかどうかをなお調査しなければならなかったが（ブリュッセル条約34条2項），ブリュッセルⅠ規則ではこの調査はなくなっている。裁判所は，もはや純粋に形式的に適法な判決正本および判決を行った裁判所の証明書が存在するかを調査するにすぎず，その際，後者において書式に従って訴えの適法な送達と裁判が執行可能であることが証明される（ブリュッセルⅠ規則41条1文，53条，54条）。

b）争訟的抗告手続（Streitiges Beschwerdeverfahren）

債務者が執行宣言に対して抗告を提起した場合にのみ，抗告裁判所は争訟手続において，承認および執行宣言を拒絶する事由が存在するかどうかを調査する（ブリュッセルⅠ規則43条3項，45条1項）。裁判所は，そのような理由に基づいてのみ執行宣言を拒絶することができる。すなわち，弁済，相殺，免除など裁判に対するその他の抗弁は不可能であり[54]，もし必要であるならば，それは執行に対する特別な国家的法的救済を通して主張されなければならない。

抗告裁判所の裁判に対しては，ブリュッセルⅠ規則44条と附則Ⅳに従って

---

54) EuGH (13.10.2011, C-139/10) (Prism Investments v Jaap Anne van der Meer).

権利抗告がなされ，ドイツの場合，これは連邦通常裁判所においてなされる。

3．承認拒絶事由

EU構成国における相互の信頼に基づき，承認および執行宣言の拒絶事由は，一般的な通常の基準とは異なり，明らかに制限されている。

a）国際裁判管轄

構成国の裁判所には，ブリュッセルⅠ規則2条以下の管轄規定を正しく適用することが一般に承認されている。それゆえ，承認および執行宣言段階における管轄の調査は，原則行われない。すなわち，瑕疵のある裁判も，公序違反として責問することはできない（ブリュッセルⅠ規則35条3項）。例外があてはまるのは，保険事件，消費者事件，22条の専属管轄の場合だけである（ブリュッセルⅠ規則35条1項）。実際のケースはほとんどない。

b）手続開始時における法的審問

それとは逆に，手続開始時における法的審問の保障違反はしばしば起こる。というのも，国境を越える送達手続が間違いやすいからである。

(1) ブリュッセル条約によれば，訴状の送達は，適法，かつ，被告が防御できるように適時に行われなければならなかった（ブリュッセル条約34条）。送達に瑕疵がない場合でも，被告がそれにより防御を組み立てる十分な時間がなかった場合には，承認は拒絶されなければならなかった[55]。送達に瑕疵があれば，被告は応訴する必要はなく，次のような場合でも，下された裁判の執行を阻止することができた。それは，被告が訴状を適時に受取り，あるいは，その裁判自体が適法に上訴の教示とともに被告に送達された場合である。それは，好ましくない状況であった。

(2) それゆえに，ブリュッセルⅠ規則34条2号は，適法な送達の要件を放棄した。欠席判決の承認は，訴状が適時に送達されず，かつ，被告が防御できる方法で送達されなかっただけで否定される。さらに，被告は，被告

---

55) EuGH (16.6.1981, C-166/80) Slg. 1981, 1593 (Klomps v Michel).

が裁判に対して法的救済を申し立てることができる場合に，それを怠ってはならない。

　被告が訴状が送達されたことを争う場合，裁判所は，ブリュッセルⅠ規則 54 条に従い，適法な送達の証明書に拘束されることなく，送達を再調査しなければならない[56]。代理権のない代理人に送達された場合は，法律上送達がされていない[57]。訴状は確かに送達されたが遅すぎたため，被告が防御することがもはや不可能で，それに続く欠席判決がまったく送達されなかった場合，被告はそれに対しても上訴を提起することができなかった[58]。被告に，訴えがそもそも送達されなかったが，それに続く欠席判決だけが理由なく送達された場合，確かに，ブリュッセルⅠ規則 34 条 2 号によれば，被告は上訴を提起することを義務付けられる可能性があるが，そのような義務は手続を求める権利を不当に制限し，訴訟上の公序（ブリュッセルⅠ規則 34 条 1 号）に反する可能性がある。ヨーロッパ司法裁判所は，これは少なくとも以下のような場合にはそれにあたらないと述べた。すなわち，被告が，それにもかかわらず，訴えの内容について知っていて，なされた欠席判決に対する上訴の可能性を知っていた場合である[59]。

c) 相矛盾する裁判

　裁判は，さらに以下のような場合には承認されない。すなわち，その裁判が，同じ審判対象に関して，(1) 承認国でなされた裁判に矛盾する場合（34 条 3 号），あるいは，(2) 他の EU 構成国もしくは第三国の先行する裁判に矛盾する場合で，この裁判が承認国において承認される可能性がある場合である（ブリュッセルⅠ規則 34 条 4 号）。訴訟上の和解に矛盾するでは足りないが[60]，仮の

---

56) EuGH (6.9.12, C-619/10) IPRax 2013, 427 (Trade Agency v Seramico Investments).
57) EuGH (10.10.1996, C-78/95) Slg. 1996, I-4943 (Hendrikman v Margenta Druck).
58) EuGH (14.12.2006, C-283/05) Slg. 2006, I-12041 (AS ML Netherlands v Semiconductor Industries).
59) EuGH (6.9.2012, C-619/10) (Trade Agency v Seramico Investments).
60) EuGH (2.6.1994, C-414/92) Slg. 1994, I-2237 (Solo Kleinmotoren v Emilio Boch).

命令 (einstweillige Anordnung) の間で矛盾する場合は足りる[61]。

d) 公 序 違 反

最後に，承認国の国内の公序違反が，法的に"不当"なものを承認（および執行）しなければならないことに対するある種の最終的な担保を形成している。実体上の，あるいは，訴訟上の公序違反が考慮される。これまで実務では，訴訟上の基本権の侵害，たとえば，附帯私訴 (Adhäsionsverfahren) において欠席した被告人の防御を顧慮しなかった場合，だけが意味をもってきた[62]。理由のない欠席判決の言い渡しも，あらゆる事情を考慮して，それが公平な手続を求める権利の明白，かつ，不釣り合いな制限とみなされる場合には公序違反になりうる[63]。

4 . 執 行 宣 言

裁判は自動で承認されるが，債権者がそれに基づき他の EU 構成国において執行を行うためには，通常，形式的な執行宣言がこれまで必要とされている。

しかし，その執行宣言手続は非常に簡素化された。ブリュッセルⅠ規則 38 条，40 条 3 項，41 条によれば，裁判は，申立てにより，債務者を審尋することなく執行可能であると宣言される。債権者は，裁判の正本（必要な場合には，執行国の公用語への翻訳とともに）ならびにその裁判がなされた国において執行可能であることの証明書だけを提出する必要がある（ブリュッセルⅠ規則 53 条，54 条）。承認拒絶事由は，債務者の異議に基づき，争訟手続においてはじめて調査される（ブリュッセルⅠ規則 43 条 1 項，3 項，45 条 1 項）。弁済や相殺といったその他の抗弁はこの手続では顧慮されてはならない[64]。このようにして債権

---

61) EuGH (6.6.2002, C-80/00) Slg. 2002, I-4995 (Italian Leather v WECO Polstermöbel).
62) EuGH (28.3.2000, C-7/98) Slg. 2000, I-1935 (Krombach v Bamberski).
63) EuGH (6.9.2012, C-619/10) (Trade Agency v Seramico Investments).
64) EuGH (13.10.2011, C-139/10) Slg. 2011, I-9511 (Prism Investments v Jaap Anne van der Meer).

者は，迅速に債務名義を第二国で手に入れる。

5．ヨーロッパ債務名義

にもかかわらず，この"中間手続"は時間と費用がかかるので，EU は数年前から，それを完全に廃止する努力をしている。

ａ）第二国における執行がとくに急を要する，あるいは，異議が存在する可能性がほとんどないといった特別な事件のために，ヨーロッパの立法者はすでにいわゆるヨーロッパ債務名義を実際に導入してきた。これは，その正本によって，直接，全EU構成国において執行することができる。現在，5種類のヨーロッパ債務名義が存在している。すなわち争いのない債権についての名義，扶養事件に関する名義，ヨーロッパ督促手続名義，少額請求訴訟規則による名義，子の引渡しならびに面接権に関する名義である。

ｂ）ブリュッセルⅠ規則の新たな規定が適用可能になる（2015年1月10日以降）と，追加的に，この日以降開始された手続において出されるすべての裁判や和解は，法律に基づいてヨーロッパ債務名義である（ブリュッセルⅠa規則39条，66条1項）。

同じことは，保護措置に関する規則による保護措置に関する名義にもあてはまる（9条）。

ｃ）債務者が執行国において承認拒絶事由が存在するという異議を債務者がどの範囲で申し立てられるかは，これまでまったく区々に規定されている。ここでははっきりとしたラインは認識できない。

ブリュッセルⅡa規則41条，42条によれば監護に関する事件での裁判に対しては，異議は認められない。

債務名義創設規則（21条），督促手続規則（22条），少額請求訴訟規則（22条）による裁判は，それが優先する裁判に矛盾するときにだけ対抗することができる。同様に，保護措置に対しては，それが執行国の裁判に矛盾する場合にだけ異議を申し立てることができる（12条1項）。公序コントロールはなされない。

ハーグ議定書に拘束されるEU構成国から生じる扶養事件に関する名義に対

しては，次の場合にのみ，異議を申し立てることができる。すなわち，その請求権がその間に時効にかかった場合，あるいは，優先する矛盾する裁判が存在する場合である（扶養事件に関する規則21条2項）。

通常の民事・商事事件では，執行はブリュッセルⅠ規則の新たな規定によっても，今後もそれぞれの承認拒絶事由に基づいて拒絶される可能性がある（ブリュッセルⅠa規則45条，46条）。訴訟上の公序まで拒絶事由を廃止するという提案を[65]，ヨーロッパ委員会はやりとげることができなかった。

Ⅳ. 結　　論

小さな始まりから，ヨーロッパ民事訴訟法は過去35年の間にEU構成国間の関係において，国境を越える訴訟追行をほぼ包括する規則にまで成長した。それどころかその規定は，EU市民の保護のため，部分的にはそれ以上に入り込んでおり，さらにEU非構成国との関係をも規定している。これらすべての規定は国境を越えた訴訟追行を，より透明に，より予測可能に，より簡潔にし，それどころか，部分的にはそもそもはじめて可能にした。これまで存在した，一部で非常に国家主義的に刻印された個々の構成国の自由な国際訴訟法に比べて，これは大きな前進である。

しかし，"自由，安全，司法領域"は，なお完全ではない。2015年，重要な新たな規定がはじめて適用され，さらなる規定が将来的には可決されることだろう。包括的で，真に強化された全体規定に至るまでは，なお長い時間が必要である。しかし，これまで到達したことは注目に値する。むろん，この長い合意プロセスの時間は，以下のことを示している。それは，司法の領域のように国家の伝統と感情に支配された領域において，包括的な自由な移動，ましてや統一的な規律に到達することがいかに困難であるか，ということである。

---

65) KOM (2010) 748.

第5章　ヨーロッパ倒産法の現在

訳　芳　賀　雅　顯

I. ヨーロッパ倒産法の現状

1．ヨーロッパ倒産規則

a）ヨーロッパ連合において共通する倒産法は，2002年5月31日施行の倒産手続に関する理事会規則1346/2000規則がはじめてである。ヨーロッパ経済共同体の生みの親たちは，ヨーロッパ経済共同体条約220条が任務を負っていた，裁判の相互承認および執行（に関してヨーロッパ統一ルールを設けること）に，倒産法に関する裁判をも含ませることを望んでいた。1970年ヨーロッパ破産条約の第一草案は，純粋なヨーロッパ統一倒産法を定めていた。適用される各国の国内法である，会社法，労働法，信用保護法，通貨法，といった各国国内法における相違は考慮の対象外とされた。そこで，この草案は厳しく批判された。締約国間における法の相違が著しいことに鑑みると，統一モデルによることはあまりにも厳しすぎた。より問題視されたのは，他の締約国で統一倒産手続が開始した場合に各国で認められている優先権が，十分に考慮されないのではないかという懸念であった。そこで，1992年に新たに提出された草案は，いくぶんか現実的な制限的普及主義を出発点とした。企業の本拠地で主たる手続が開始するものとし，そして，その手続は原則としてヨーロッパ共同体，そして世界的に効力を有するとされた。しかし，各国の利益ないし各国の債権者を保護するために，営業所所在地国において特別な付随手続（Sekundärverfahren）を開始することができるとされた。この条約もまた，1996年にイギリスの反対により頓挫した。1997年10月2日のアムステルダム条約

(EGV65条)において，民事事件の司法協力が共同体法となった後にはじめて，条約の内容は規則として置き換えられた。

規則はデンマークを除いて，すべてのEU諸国において適用されている。規則はまた，2000年以降新たに加入した13の国との関係でも適用されている[1]。

b）この規則がもたらした重要な結果としては，あるEU構成国で主手続が開始すると自動的に他のすべての構成国において承認されるということ（EU倒産規則17条1項），および主手続で選任された管財人は，EU諸国に所在する倒産債務者の財産を管理し，また，財産を所在地国から持ち出すこともできることである（EU倒産規則18条1項）。これは大きな進展である[2]。もっとも，およそ10年におよぶ実務での様子からは，この規則のいくつかの短所も明らかになった[3]。

c）そこで，倒産規則のこれまでの適用に関する報告とともに，ヨーロッパ委員会は2012年12月12日に，ヨーロッパ倒産規則に関する新しい草案を提出した[4]。2014年2月5日にヨーロッパ議会による立法に向けた決議がなされた後に[5]，ヨーロッパ理事会は2014年6月3日に規則の改正条文を[6]，また2014年7月22日には理由部分の改正テキストを第一読会において成立させた[7]。計

---

1) ブルガリア，エストニア，クロアチア，ラトビア，リトアニア，マルタ，ポーランド，ルーマニア，スロヴァキア，スロヴェニア，チェコ，ハンガリー，およびキプロス。

2) *Mankowski*, NZI 2009, 571 (Anm. zu EuGH, 2.7.2009, C-111/08, *Alpenblume*) 参照。

3) Heidelberg-Luxembourg-Vienna-Report, External Evaluation of Regulation No 1346/2000/EC on Insolvency Proceedings, Just/2011/JCIV/PR/0049/A4 参照。

4) Bericht der Kommission an das Europäische Parlament, COM (2012) 743/F1；Vorschlag für eine Verordnung zur Änderung der EuInsVO vom 12.12.2012, COM (2012) 744 F. 後者については，*Prager/Keller*, Der Vorschlag der Europäischen Kommission zur Reform der EuInsVO, NZI 2013, 57.

5) Rat der EU, Dok. 5910/14, CODEC 241, JUSTCIV 19, PE 50.

6) Rat der EU, Dok. 10284/14, JUSTCIV 134, EJUSTICE 54, CODEC 1366.

7) Rat der EU, Dok. 12042/14, JUSTCIV 204, EJUSTICE 66, CODEC 1644.

画によれば，立法手続は2015年には完了するとされている。

2．銀行および保険会社に関する倒産法

ヨーロッパ倒産規則は，銀行および保険会社には適用されない。その点については，まず，二つの指令だけがあった。すなわち，信用機関の再生と清算に関する2001年4月4日の2001/24/EG指令，および保険会社の再生と清算に関する2001年3月19日の2001/17/EG指令である。確かに近年の財政危機では，国内法に基づいて銀行や保険会社に対する監督がさまざまな形で介入してきたが，また他方で，渉外事案では十分効率的には機能していないということが示されてきた。それゆえ，EUの立法者は規則（EU）1093/2010を通じて銀行監督局を[8]，規則（EU）1094/2010を通じて保険および企業年金に関するEUの監督官庁を設立した[9]。その権限は規則（EU）575/2013によって拡大された[10]。信用機関の再生および清算に関するルールの調和のために，2014年5月15日に2014/59/EU指令が下された[11]。2014年7月15日の規則（EU）806/2014を通じて，EUの立法者は，統一的清算システムにおいて信用機関と一定の証券会社の清算するための，統一規定と統一手続を制定した[12]。この規則は内容上，2016年1月1日より完全に施行される。この非常に広範囲に規律している法案の詳細な内容については，ここでは立ち入ることができない。

非常に多くコメントされていることだけ触れておく。すなわち，2014年11月4日からヨーロッパ中央銀行は，ヨーロッパエリアにおける128の巨大銀行を監督するというものであり，小規模の銀行については引き続きガイドライン

---

8) ABl EU 2010, Nr. L 331/12.
9) ABl EU 2010, Nr. L 331/48.
10) ABl EU 2013, Nr. L 176/1. 同時に，指令（2013/36/EU vom 26.6.2013 (ABl EU Nr. L 176/338)）は，銀行施設の立入りおよび企業経営の方式に関するルールを厳格にした。
11) ABl EU 2014, Nr. L 173/190.
12) ABl EU 2014, Nr. L 225/1 (SSM：単一監督メカニズム)．

を公表することができるというものである[13]。さらに，銀行，証券会社および保険会社の清算に際しては，ヨーロッパ連合ではそれに関する単一の倒産手続があるだけで，付随手続はない（主手続のみである）。もちろん，それらの企業が EU 域外においても企業活動を営んでいる場合には，これとは異なることはいうまでもない。

II. 実務上の重要性

近年の債務危機および財政危機の事後処理に際して，EU において倒産法はこれまでと同様に重要な役割を果たしている。西ヨーロッパにおける企業倒産の件数は，いまなお増加している。2011 年には約 17 万 3000 件の倒産の申立てがあったが，2012 年には約 17 万 8000 件の申立てがあった[14]。その際，注目に値するのは，ドイツ[15]，フランスおよびイギリスでは申立てが減少しているのに対し，イタリア，オランダ，ポルトガル，スウェーデンおよびスペインでは，これとは対照的に著しく増加していることである。また，中央ヨーロッパおよび東ヨーロッパでも，倒産件数は増加が顕著である。もっとも倒産の危険が高い分野は，商取引およびサービス分野，それから，かなり開きがあるが建設業となっている。信用貸付改革での分析が示すところによると，約 4 分の 1 のヨーロッパの企業は収益がなく，それゆえ多くが倒産の危険にある[16]。また，ほぼ 4 分の 1 のヨーロッパの企業は自己資本比率が 10％ を下回り，それゆえ過小資本となり，同様に倒産の危険にある。最新のニュースを信じるならば，

---

13) „Bankenunion ; Einheitliche Bankenaufsicht und einheitlicher Abwicklungsmechanismus" ; http://www.elections2014.eu/de/news-room/content/20140411ST043415/html.

14) Creditreform Wirtschaftsforschung, Unternehmensinsolvenzen in Europa, Jahr 2012/13, 2013, S. 2.

15) *Hölzle*, Die Sanierung von Unternehmen im Spiegel des Wettbewerbs der Rechtsordnungen in Europa, KTS 2011, 291, 299 参照。

16) Creditreform, Unternehmensinsolvenzen in Europa, S. 11 f.

財政危機はまだ克服されておらず，ここ数カ月の後，経済的な問題が増大すると考えられている。

経済危機にある各国で倒産法を具体的に整備したとしても，もちろん，倒産件数や倒産手続の結果に直接影響を及ぼすことはない。しかし，ヨーロッパでの企業の財政状況や清算状況に鑑みて，ヨーロッパにおいて企業および自然人に対する統一倒産法があったとしたら，有用であると考えられていた[17]。

III. ヨーロッパ倒産法の規律範囲

1. 現　行　法

ヨーロッパ倒産規則は，"債務者の倒産を前提とし，その結果として，債務者に対するすべてまたは一部の財産の差押えと，管財人が選任される"包括手続を含むものである (EU倒産規則1条1項)。規則の補遺Aに，EU構成国の各国手続が個別的に列挙されているため，どの手続がこの方法に実際に含まれるのかという点について，疑問は生じない。

この手続についてヨーロッパ法は，主手続および付随手続を開始するための国際裁判管轄，主手続および付随手続の間の協力，他の構成国における倒産手続の承認，そして最後に，倒産手続において生ずる法的問題についての抵触法上の問題を扱っているにすぎない。手続の進行それ自体は純粋に国内法によって行われる (EU倒産規則4条1項)。その際に適用される契約法，不法行為法，会社法および労働法は，これまで同様に基本的に国内法である[18]。

2. 適用範囲の拡大

倒産手続開始後，外国の倒産財団の管理を伴う手続を制限することは，二つの点で実際上問題が生ずる。

---

17) Creditreform, S. 10.
18) *Gottwald*, Europäisches Insolvenzrecht, in Roth, Europäisierung des Rechts, 2010, S. 53, 55 参照。

a) 第一に，多くの EU 構成国は，アメリカ合衆国をモデルに，裁判所の監督に服する自己管財人：Eigenverwaltung（debtor in possession：占有債務者）制度を倒産ないし清算手続において認めている。そのような手続は，（適用範囲内に）必ず含まれなければならないだろう。

 b) 第二に，自明なことであるが，（手続が）早く開始すれば企業再生の蓋然性は高まる。アメリカ法は，債務者に対して，債務者が申立てに際して倒産であることの存在または直接的な倒産の危機にあることの存在を証明することなく，更生手続を自由に申し立てることを認めている（合衆国法典第 11 編 301 条）。もし，アメリカでの報告を信じるとするならば，この種の手続が成功する割合は驚くほど高い。それゆえ，ヨーロッパ諸国もアメリカ法を手本にしようと試みるのは不思議ではない。しかし，ヨーロッパ人は，しばしば次の点に不安を抱いている。それは，本当に必要があるわけではないのに，企業の損失を債権者に押しつけようとして，この種の手続が濫用されないかというものである。それでも，28 カ国中 25 の EU 構成国は，すでに倒産開始前の手続 (Vorinsolvenzverfahren)，または，非倒産と倒産手続のハイブリッド型手続の一種を用いている[19]。ドイツは，2012 年 3 月 1 日より，いわゆる包括的保護手続（倒産法 270 b 条）を有している。もっとも新しい例は，2014 年 3 月 12 日のフランスにおける改正である[20]。

 c) ヨーロッパ委員会もまた，倒産規則が現実の倒産現象，とくに国境を越えた企業救済の試みを完全に含ませるつもりであるならば，自己管財人手続，そしてまた倒産前手続も最終的には倒産規則に包含させなければならないと考えている[21]。これに対応して，ヨーロッパ評議会とヨーロッパ議会との調整がな

---

19) *Thole*, Der Trend zur insolvenzrechtlichen Sanierung, KSzE 3.2012, 286 参照。スペイン法については，*Alcázar Pérez*, Das neue spanische Konkursrecht, RIW 2013, 352. イタリア法については，*Agostinelli*, New Italian Restructuring Options ..., Intern. Corp. Rescue 10 (2013), 152.

20) *Degenhardt*, Die Reform des französischen Insolvenzrechts vom 12.3.2014, NZI 2014, 433.

21) Europäische Kommission, Vorschlag für eine Verordnung ... zur Änderung der

された後の規則改正案の検討理由9から16は，倒産前手続と自己管財人手続を含ませることを定めている[22]。

新1条1項によると，規則は，次に掲げるすべての包括手続を含むとされる。すなわち，"倒産または債務調整のための法律上の規律に基づく包括手続であり，その包括手続において再生，債務調整，会社更生または清算を目的として，(a)債務者から処分権限を奪い，または，(b)債務者の財産または営業活動を裁判所によるコントロールまたは監督に服するもの"，である。補充的に2014年11月20日の調整規定が，さらに(c)を定めており，それによると次の手続も含まれる。すなわち，"債務者と債権者との間の交渉を可能にするために，個別執行措置の一時的中止が裁判所によって職権に基づいて命じられており，または手続が(i)債権者全体の保護のために適切な措置を定めており，かつ，(ii)債権者と債務者間に意見の一致が得られないときに，(a)または(b)に掲げられた手続のうちの一つが開始する前になされているもの"である。さらに次のように述べている。すなわち，"そのような手続が，倒産するかもしれないというだけの状況下で開始することができる場合は，その手続は債務者の倒産を回避すること，あるいは債務者の営業活動中止を回避することを目的とするものでなければならない"，というものである。実際に重大なリスクを伴う経済的困窮が生じた場合の再生手続を広範囲に含ませることは，脚注10)において検討されているが，まだ，直接提案されていない。

d）それによって，すべての再生手続がカバーされたわけではない。なぜなら，たとえば，イギリスの和議手続（Arrangement-Verfahren）の枠組みでは裁判所の監督がなく，結果が裁判所に認証されるだけだからである[23]。それゆえ，

Verordnung (EG) Nr. 1346/2000 des Rates über Insolvenzverfahrens, KOM (2012) 744 (Begründung 1.2, 3.1).

22) Council of the European Union, Doc. 15414/14 ADD 1 of 20 November 2014.

23) *Thole*, Sanierung mittels Scheme of Arrangement, ZGR 2013, 109 参照。EU倒産規則25条1項に基づいて，付随的判断としての裁判所による認証命令を承認することに関しては，*C. Kusche*, Die Anerkennung des Scheme of Arrangement in Deutschland, 2014, S. 64 ff., 76.

この手続は改正提案補遺 A に記載されていない。また、フィンランド法でも、裁判所は債務清算手続では申立てに基づいてのみ活動するので、そのような手続もカバーされるのか否か疑問が残るところである[24]。

IV. 主手続および付随手続の国際裁判管轄

1. 主手続の国際裁判管轄

a）少なくとも EU 構成国間との関係で規定された倒産処理が前提とするのは、すべての手続の開始について国際裁判管轄が定められていることである。これについては、常に次のような問題が生ずる。すなわち、コモンロー諸国では企業の登録地を基準とするのに対し、ヨーロッパ大陸諸国では、現実の主たる営業所を基準としている点である。すでに、1997 年 UNCITRAL モデル法は双方の立場の妥協点を見出している。それによると、主倒産手続は"債務者が主たる利益の中心地（COMI）を有する"締約国で開始するとされた。EU 規則はこの解決に従い、また会社および法人については、次のように補充的に定めた。つまり、"反対事実の証明がない限り、主たる利益の中心地は定款による所在地である"、と（EU 倒産規則 3 条 1 項 2 文）。したがって、いずれの関係者にも都合の良いものとなったが、それによって、多くの疑問や紛争を生み出す契機となる規律をも作り出した。そのことは、とくにコンツェルンの主たる利益の中心地を確定する場合にあてはまる[25]。

b）ユーロフード事件では、2006 年 5 月 2 日にヨーロッパ司法裁判所が、親会社と子会社はそれぞれ固有の主たる利益の中心地を有し、また、それらは異なった構成国に所在することがありうると判断した。それによると、親会社の

---

24) *Linna*, Cross-Border Debt Adjustment – Open Questions in European Insolvency Proceedings, Intern. Insol. Rev. 23 (2014), 20, 31 参照。

25) *Fehrenbach*, Die Rechtsprechung des EuGH zur Europäischen Insolvenzverordnung : Der Mittelpunkt der hauptsächlichen Interessen, ZEuP 2013, 353, *Wiebusch*, Internationales Konzerninsolvenzrecht, 2014, S. 92 ff. 参照。

取締役会がすべての重要な経営判断を子会社についても行っていること，および親会社が子会社を支配しているという事実だけでは，親会社の所在地に倒産手続開始の管轄を集中させるには，不十分であるとされた[26]。この判決によってヨーロッパ司法裁判所は，Parmalatコンツェルンをすべてイタリアで清算しようとした，イタリア裁判所の努力を認めなかった。EU倒産規則は，また，日本のコンツェルンがヨーロッパに子会社を有している場合にも適用される。

2011年に，ヨーロッパ司法裁判所は，Interedil事件において次のような判断を下した。すなわち，主たる利益の中心地の決定に関するヨーロッパ倒産規則検討理由13に従い，重要であるのは，第三者にとって通常確かめることができ，債務者が自己の利益を管理する場所であるとされた。

定款上の所在地と主たる営業所が場所的に一致している場合は，もちろん解決は明白であるとされる。そうでない場合は，第三者からみて企業が実際上運営されている場所が重要であるとされる。ある国に財産が所在するだけ，または，ある財産に関係する契約があるだけでは，登録地以外の構成国が主たる利益の中心地であると認めるには不十分であると説かれる[27]。

最後に，ヨーロッパ司法裁判所はRasteilli事件のすぐ後に，倒産したコンツェルン企業に対する主手続が，第二のコンツェルン企業に対しても及ぶことが許されるのは，第二のコンツェルン企業の主たる利益の中心地が同一構成国内に存在する場合に限られるとした。第二の企業が別の国に会社の登記をしている場合には，EU倒産規則3条1項2文の推定は覆されなければならないだろう。両者の財産が混在しているという事実だけでは，最初に手続が開始した国において第二のコンツェルンの管轄を根拠付けるには不十分であるとされる[28]。

c) とくにInteredil判決によって明らかにされた事項は，ヨーロッパ倒産規則の改正に際して条文に組み入れられることとされた。新しい検討事由29は

---

26) EuGH, Slg. 2006, I-3813.
27) EuGH, Slg. 2011, I-9915. これについては，*Brünkmans*, Die Renaissance der Sitztheorie im europäischen Insolvenzrecht, KSzW 03.2012, 319 参照。
28) EuGH, Slg. 2011, I-13209.

まず定款上の所在地を基準にし，そのうえで次のことを加えた。すなわち，"会社の主たる業務が本拠地以外の構成国にあり，また，関係するすべての要素を総合的に考慮すると，会社の業務および支配ならびに会社利益の管理の事実上の中心地が他の構成国にあるということが第三者によって確かめうる形で確定できる場合には，この推定は覆すことが可能である"，と。経営責任者は短期間のうちに移転してしまうことが可能であるとの批判があることから，実際の経済的生産活動の中心地を基準にするのが，より適切であろう[29]。もっとも想定される現象をリストアップすることで，より一層明確になるか否かは，必ずしも定かではない。いずれにしても，企業についてヨーロッパ司法裁判所が示した全体像は，新しい規則によっても何ら変更はない。2014年11月20日の条文では，さらに次のことが定められている。すなわち，倒産手続申立ての直近3カ月以内に他のEU構成国に主たる利益の中心地を移転させた場合，考慮しないとされた（草案3条1項）。

d）しかし，ヨーロッパ委員会は，経営者としての自然人については，重大な改革の必要性があると考えていた。新3条1項においては，独立した活動を行い，あるいは自由業を営む自然人については，主たる営業所所在地が主たる利益の中心地として妥当し，また，その他のすべての自然人については，常居所地が主たる利益の中心地として妥当する。これに対して，最後の常居所が問題になるのは，債務者が直近6カ月に他のEU構成国に常居所を移した場合である（2014年11月20日の草案3条1項）。それによって，いわゆるフォーラム・ショッピングが困難になるとされる[30]。

2．付随手続の管轄

ヨーロッパ倒産規則3条2項によると，付随手続が主手続開始地国以外の構

---

29) *Schwörer*, Europäisches Insolvenzrecht: Rettungsanker in der Krise?, AnwBl 2013, M 78.

30) ヨーロッパ裁判所は申立て時を基準にしている（(17.1.2006, C-1/04) Slg. 2006, I-701 (*Staubitz-Schreiber*)）。

成国において開始することができるのは，債務者がその国に営業所を有している場合である。何が営業所であるのかについては，EU 倒産規則 2 条 h（将来は 2 条 10 項）において定められている。すなわち，"債務者が，一時的ではない方法によって，人的・経済的価値を投じて経済活動をなす活動場所"のすべてを指す，と。主手続が定款所在地で開始しない場合には，この定義は問題が生ずる。ヨーロッパ裁判所は，適切にも，定款上の所在地にある企業は，支店と（も）みなすことができると判断した[31]。

3．手続の調整または統合的付随手続

a）一つ，あるいは複数の付随手続が開始した場合，必要に応じて，主手続と付随手続との間で有意義な調整が必要となる[32]。この調整は，すでに，現在，EU 倒産規則 31 条以下に定められている。将来，この調整は，新 EU 倒産規則 41 条から 44 条において，より詳細に規定される。それにもかかわらず，一般的問題が残されている。すなわち，双方の管財人は必ずしも同じ考えであるとは限らず，また，この立場の相違は最終的には，企業倒産手続における清算あるいは再生にマイナスの影響を及ぼしかねないので，最大限可能な限り債権者の満足を図るという，一番の目的が損なわれることになりうる（ともかくも，EU の立法者もまた現実的に，付随手続を清算手続に限定した）。

b）実務においては，主手続の管財人は，他の構成国の主だった債権者に対して，主手続で清算する場合には，その債権者の構成国で付随手続が開始したのと同様の地位に置くとの約束をすることで，部分的にやりくりをしている。このいわゆる，統合的付随手続（Synthetisches Sekundärverfahren）といわれる実務は，新しい規定では検討理由 40（2014 年 11 月 20 日理事会決定の条文テキストによる）により，適法なものとされた。さらに，新たに 36 条が挿入されることになった。同条 1 項によると，管財人は，付随手続を回避するために担保を提供する権利を有しているが，その権利の内容は，付随手続が開始される場合に，

---

31) EuGH (4.9.2014, C-327/13, *Bourgo Group v Illochroma*).
32) *Fehrenbach*, Haupt- und Sekundärinsolvenzverfahren, 2014 参照。

財産あるいは換価によって得た金銭を分配するに際して現地の債権者に認められている，配当を受ける権利ないし優先権を確保するためのものである。そのような担保は，書面によること，および知られたる現地の債権者の同意を必要とし，また，倒産財団との関係において拘束力を有するものである。新規定38条2項は，これに対応して，裁判所は主たる管財人の申立てに基づき，管財人の担保を考慮して付随手続開始に関する裁判を延期したり，あるいは，36条にいうところの不要（entbehrlich）と考えられる場合には，手続開始を認めないとすることを定めた。この規定は，利用頻度が高いのではないかと思われる。もちろん，この統合的付随手続がすべての問題を解決するわけではなく，とくに，債務者の財産が根本的に主たる営業所の所在地ではなく，他のEU構成国にある場合には解決をみない[33]。

V. 併合手続

1. Vis attractiva concursus ?

現在のEU倒産規則は，倒産手続と関連した個々の債権者の権利追求のために，それぞれの手続開始地国法を指定している（EU倒産規則4条2項f）。多くの国は，倒産裁判所は自ら倒産に関係する手続を判断しなければならないと定めている（いわゆる，Vis attractiva concursus）。他の国々，たとえば，ドイツはこれを否定している。

もっとも，ヨーロッパ司法裁判所は，2009年2月12日 DekoMarty 判決で，倒産手続から直接生じ，密接な関係がある裁判についても，倒産裁判所が管轄を有するとの判決を下した[34]。EU倒産規則25条1項は，そのような裁判は倒産手続の実施と終了に関してなされる裁判と同様に承認および執行されると定めているので，その限りでEU倒産規則3条を類推して，国際裁判管轄も承認

---

33) Amtsgericht München, NZI 2007, 358 参照。
34) EuGH Slg. 2009, I-767 (*Seagon v DekoMarty*) = NZI 2009, 199. これについては *Ambach*, Reichweite und Bedeutung von Art. 25 EuInsVO, 2009, S. 185 ff. 参照。

されるのが有意義であると説かれる。具体的には，倒産債務者が，倒産手続開始直前に5万ユーロを，あるドイツの銀行にある被告の口座に送金したとする。受取人かつ被告は，ベルギーに本拠を有する企業であった。その後，選任されたドイツの倒産管財人は，この支払を否認し，倒産裁判所が所在する区域のドイツの地方裁判所で金銭の返金を求めた。ドイツの裁判所は国際裁判管轄を否定したが，ヨーロッパ司法裁判所はEU倒産規則3条1項を類推してこれを肯定した[35]。

この判決は，さらに，どのような手続が倒産手続と直接関連するのかについて，幅広い議論をもたらした。

そうこうするうちに，ヨーロッパ裁判所は，次のような判断を下した。つまり債務者の主たる利益の中心地での否認訴訟の国際裁判管轄は，債権者が第三国，たとえば日本に本拠を有する場合でも，否認訴訟について妥当する，とした[36]。ヨーロッパ司法裁判所は，この国際裁判管轄は専属的か，それとも競合的つまり付加的かについては未解決のままにした。しかし，第三国が関係する場合には，否認権の国際裁判管轄は専属的ではないとするのが有意義であろう。なぜなら，第三国は，EU倒産規則によって拘束を受けるものではないし，その種の裁判を承認したり執行したりするか不確かだからである。したがって管轄は管財人にとって任意のものでしかない。EU域内の事案では，このことがそのまま妥当するとするのが有意義であろう[37]。

---

35) EuGH Slg. 2009, I-767 (*Seagon v DekoMarty*). 最終的な判決は，BGH NZI 2009, 532.

36) EuGH (Urteil vom 16.01.2014, C-328/12, *R. Schmid v Hertel*), NJW 2014, 610 = EuZW 2014, 262 (Anm. *P. Schulz*). これについては，*Baumert*, Offene Praxisfragen beim internationalen Gerichtsstand bei Insolvenzanfechtungsklagen in Drittstaatenfällen – Art. 3 EuInsVO analog, NZI 2014, 106. 批判的であるのは，*Paulus*, Vom Nutzen und Nachteil einer *vis attractiva concursus* für das heutige Insolvenzrecht, Festschrift für Gottwald, 2014, S. 485, 490. 最終的な判決は，BGH NZI 2014, 672.

37) *Kindler*, KTS 2014, 25, 36 f. は，倒産管財人に対する訴えを倒産法廷地（forum concursus）に強制的に集中させることを述べている。

2．関連訴訟について計画された規律

　EU 倒産規則の改正に際して，たとえば否認訴訟といった関連訴訟の国際裁判管轄が新しい 6 条 1 項に明示的に規定されることとなった。新しい規律は補充的に，管財人は，同一の被告に対する別の民商事法上の訴えと関連性を有する関連訴訟（Annexklagen）を，被告の住所地がある構成国裁判所においても提起することができるとし，ただしこの裁判所がブリュッセル条約により管轄を有していることを要する，と定めている（EU 倒産規則草案 6 条 1 項）[38]。訴えが分離していると矛盾判決のおそれが生ずる場合には，この関連性は肯定される（EU 倒産規則草案 6 条 3 項）。

　それによると，確かに，否認訴訟以外にどのような訴訟が，倒産手続から直接生じそれと密接な関係を有するのかは定かでない。新検討理由 34 は，倒産手続開始前の債務者によって締結された契約の履行を求める訴えは，倒産手続と関連性を有しないことを明らかにしたにすぎない。

a）いずれにしても，ヨーロッパ司法裁判所は，2012 年 4 月 14 日に次のような判決を下した。すなわち，倒産管財人ではなく，倒産管財人から否認権（Anfechtungsanspruch）の譲渡を受けた新たな債権者によって提起された否認訴訟は，倒産と直接的関連にあるとはいえないとした[39]。

b）さらにヨーロッパ司法裁判所は，2009 年 9 月 10 日に次のような判決を下した。すなわち，倒産した買主に対して所有権留保に基づき売買目的物の引渡しを求めて売主が提起した訴えは，倒産と直接的な関連性のある訴えではなく，むしろブリュッセル規則に基づいて判断されるべき純粋な民事事件であるとした[40]。

---

38) しかし，これは併合管轄の拡大ではなく（しかし，そう説くのは，*Kindler*, KTS 2014, 25, 35），倒産裁判所の併合管轄はその限りで排除されていないということを明確にしたのである。

39) EuGH (C-213/10, *F-Tex*), NZI 2012, 469.

40) EuGH Slg. 2009, I-8421 (*German Graphics*).

c）倒産と直接の関連性があると考えられる，その他のすべてのケースのうち，実務上重要であるのは，倒産企業の出資者および経営者の責任である。ダルムシュタット地方裁判所は2013年5月15日に，ヨーロッパ司法裁判所に次のような問題を付託した。すなわち，企業が支払能力を失った後，または債務超過が確定した後になされた支払い（会社法64条に基づく）について賠償を求めた，債務者の経営者に対する倒産管財人の訴えにつき，EU倒産規則3条を類推して管轄が存在するか否か，さらには次の特殊性がある場合，すなわち，経営者がその住所をEUの構成国ではなくルガノ条約の締約国，具体的にはスイスに有している場合でも妥当するのか，ということであった[41]。ヨーロッパ司法裁判所の判断が待たれる。すでにヨーロッパ司法裁判所は，事実上の経営者に対する"債務返済のための訴訟（action en comblement da passif）"は倒産事件であると，判断していた[42]。この流れからすると，倒産に至ったことを理由とする，あるいは倒産後に支払ったことについて返還を求める経営者に対する訴え（会社法64条1文および43条3項に基づく）[43]，会社債務について人的責任に基づく人的会社の社員に対する訴訟（商法128条），あるいは，悪意の財産隠匿を理由とする会社の社員または株主に対する訴訟が，倒産に近い手続として分類されるであろう。もちろん学説ではドイツの通説はこれを否定している。なぜなら，これらの責任訴訟はすべて，倒産手続が開始したことを（必然的には）要件としていないからである[44]。しかし，そのような請求権は，倒産手続が開始した後は個々の債権者ではなく，倒産法92条，93条に基づき倒産管財人によってのみ主張することができるので，倒産手続に近いものとして分類する方がより説得的であるように思われる。しかし，まだそのことについてヨーロッパ司法裁判所は判断を下していない。

---

41) LG Darmstadt NZI 2013, 712 (mit Anm. *Mankowski*).
42) EuGH Slg. 1979, 733 (*Gourdain v Nadler*).
43) 現在そのように説くのは，BGH (3.6.2014, II ZR 34/13), NZI 2014, 881 (Rn. 6).
44) *Freitag*, Internationale Zuständigkeit für Schadenersatzklagen aus Insolvenzverschleppungshaftung, ZIP 2014, 302 参照。

VI. コンツェルン倒産

1．EU レベルでの改正提案

a）EU 倒産規則は，現在のところ，コンツェルンが倒産した場合にいかなる措置を取るべきかについて，規定を有していない。法的にはコンツェルン企業はそれぞれ独立した企業（法人）であるので，独立した倒産手続が行われることになろう。しかし，コンツェルンはしばしば経済的に一体的であり，または，コンツェルン企業は互いに非常に密接に関係しているので，実際上手続がそれぞれ別個であると効率的に進行しないので，統一手続あるいは緊密に調整された手続によって，より適切な解決がもたらされるであろう[45]。すでに，ヨーロッパ司法裁判所による最初のリーディングケースであるユーロフード事件は，コンツェルンに属する子会社の倒産に関するものであった。ヨーロッパ司法裁判所は当時，きわめて正当かつ EU 規則に沿って次のように判断した。すなわち，それぞれのコンツェルン企業は法的に独立しているだけでなく，倒産手続開始の国際裁判管轄は，それぞれの企業について別個に定められなければならないとした。それ以上のことは，実務上，多かれ少なかれ自発的な倒産管財人間の協力，および関係する倒産裁判所にまかされた。

b）そのような協力を構築し，法的に規律することは，確かに適切であろう。詳細に立ち入った議論の後に UNCITRAL は，2010 年 7 月 1 日に，"倒産した企業グループの扱い"について立法指針を成立させた[46]。そこで確定された諸原則および諸提案を，EU 委員会は広範囲にわたり，EU 倒産規則改革のため

---

45) *Wiebusch* (Fn. 23), S. 60 ff. 参照。

46) Legislative Guide on Insolvency Law, Part three : Treatment of enterprise groups in insolvency, 2010. 現在の議論については，"Facilitating the cross-border insolvency of multinational enterprise groups" siehe Notes by the Secretariat of 11.2.2014 (A/CN. 9/WG. V/WP. 120) and of 2.10.2014 (A/CN. 9/WG. V/WP. 124) ; Report of Working Group V, 6 May 2014, A/CN. 9/803, p. 5.

のEU委員会自身の提案に取り入れた。

　何が企業グループ，親会社であるのかは，将来の2条12項および13項において，幾分やや狭く定義されている[47]。本来の解決の出発点は，同一企業グループの会社はそれぞれ，固有の主たる利益の中心地（COMI）を有するというユーロフード事件のヨーロッパ司法裁判所判決である。その際，各企業の独立した責任体制を理由に，個々の企業が存続するとされた[48]。統一的なコンツェルン裁判籍は規定されなかった。

　結合企業の財産に関する倒産手続を効率的に処理することを可能にするためには，これらの手続は適切な方法で調整されなければならない。新しい検討理由46から58（2014年11月20日のテクスト）によると，関係する管財人および裁判所は，同一債務者に対して行われている主手続および付随手続における管財人および裁判所と同じく，情報を交換し，また，実際に協力して業務を行う義務を負うとされる[49]。このような協力の目的は，企業グループの協力を十分に引き出すためである。しかし，それぞれの手続の債権者の利益に反することは許されない（2014年11月20日テキストの検討理由49）。

　c）すべての関係者に及ぶ，この協力，コミュニケーション義務の詳細は，新しい"第5章　企業グループの構成メンバーの倒産（56条から77条）"に定められている[50]。

　それによると，管財人はグループ全体の再建を達成する限りにおいて可能な限り互いに協力して活動し，その際，グループメンバーの取引活動を管理し監督することを調整するとされた（56条）。56条1項2文が明示的に規定してい

---

47)　*Kindler*, KTS 2014, 25, 39 ff.

48)　*Kindler*, KTS 2014, 25, 38.

49)　*Wimmer*, Konzerninsolvenzen im Rahmen der EuInsVO – Ausblick auf die Schaffung eines deutschen Konzerninsolvenzrechts, DB 2013, 1343, 1345 f. 参照。韓国法の立場からは，*Y.-J. Kim*, Konzernbegriff und Konzernhaftung bei Konzerninsolvenzen, Festschrift für Gottwald, 2014, S. 327.

50)　*Brünkmans*, Auf dem Weg zu einem europäischen Konzerninsolvenzrecht, ZInsO 2013, 797 参照。

るところによると，この協力（Zusammenarbeit）は，合意またはプロトコルで定めることができる。

この管財人間の協力を支援するため，手続の効率的処理を容易にできる場合には，同一企業グループのメンバーに対する手続が係属している構成国裁判所同士は，協力するものとされる（57条)[51]。したがって，管財人と裁判所も協力しなければならないのは（58条)，もとより自明である。主手続および付随手続の管財人の間の関係と同様に，企業グループの構成メンバーの倒産手続の管財人もまた，他の構成国での倒産手続における債権者集会に参加し，あるいはグループの再生に必要である場合には，その地において追加的な保全処分を申し立てる権限を有するとされる（60条)。

d）各管財人は，さらに企業グループ構成メンバーのための再生計画を提案し，また，再生計画に必要であるならば，企業グループの他の構成メンバーに対する倒産手続の中止を申し立てる権限を有する（検討理由56，および草案60条1項)。ただし，グループの調整手続（Koordinierungsverfahren）が開始しておらず，また，すべてまたは一部のコンツェルン企業に対する再生計画が提出されており，合理的な見方からするとその計画が成功する見込みがある場合に限られる。手続中止がこの手続の債権者の利益になるときは，裁判所はこの申立てを認める（草案60条1項b）。最大3カ月間中止することができ，また，一度，再申請することができる（草案60条2項)。その際，倒産管財人が債権者の利益のために適切な措置を行うことを，裁判所は要求することができる（草案60条2項)。

e）ヨーロッパ議会は，個々の管財人が協力するにとどまるとする，委員会から提案された考えは十分ではないと考えた。そこで，ヨーロッパ議会は，さら

---

51) 一般的には，*Paulus*, Globale Grundsätze für die Zusammenarbeit in grenzüberschreitenden Insolvenzen und globale Richtlinien für die gerichtliche Kommunikation, RIW 2014, 194. この点については，すでに，*Eidenmüller*, Verfahrenskoordination bei Konzerninsolvenzen, ZHR 169 (2005), 528；*Oberhammer*, Von der EuInsVO zum europäischen Insolvenzrecht, KTS 2009, 27.

に，調整管財人（Koordinationsverwalter）を伴うグループ調整手続（Gruppen-Koordinierungsverfahren）を導入しようとした[52]。

　ヨーロッパ理事会は，これに従った。2014年11月20日の改正条文は，新検討理由52から58，および倒産規則61条から70条までにおいて，従来のドイツの改正草案と同様に次のように定めた。すなわち，コンツェルン企業の各倒産管財人はそれぞれ，グループ調整手続の開始を申し立てる権利を有する（検討理由52の1文，61条1項）。調整手続への参加は，もちろん任意とされる。それぞれの倒産管財人はそれゆえ，30日以内に参加に対する異議を提出することができる（検討理由53の1項，64条2項，65条1項）。その結果として，手続は，特別な手続の調整（Verfahrenskoodinierung）に服するわけではないが，協力する一般的義務が発生する。

2．ドイツでの改正

　ドイツ連邦政府は，国内のコンツェルン倒産について，類似の新しい条文をドイツ倒産法に設けることを計画している[53]。ヨーロッパとドイツの改正提案の相違のすべてを詳細に立ち入ることはできない。いくつかの本質的な相違を明らかにしよう。

a）グループ裁判籍

　ヨーロッパ改正提案検討理由50は，同一企業グループに属する複数の企業に対しては，これらの企業の主たる利益の中心地が同一の構成国にあるときは，同一の裁判籍で倒産手続を開始することができることを指示しているにすぎない。これに対して，ドイツ法では倒産法3a条1項の草案は，特別のグループ裁判籍（besonderer Gruppen-Gerichtsstand）を定めている[54]。この規定による

---

52)　Rat der EU, Dok. 5910/14, S. 35 (Art. 42da ff). *Kindler* KTS 2014, 25, 38 参照。

53)　BR-Drucksache 663/13 vom 30.08.2013, neu eingebracht am 30.01.2014, Bundestags-Drucksache 18/407 (= KTS 2014, 103) 参照。

54)　*Brünkmans*, Entwurf eines Gesetzes zur Erleichterung der Bewältigung von Konzerninsolvenzen, ZIP 2013, 193.

と，倒産裁判所がグループに属する他の債務者の倒産手続についても管轄を有すると宣言することを，グループに属する債務者は申し立てることができるとされるが，ただし，申立てが適法であり，かつ，その債務者が企業グループ全体にとって重要性が低いことが明らかでないことが求められる。この方法で，親会社の裁判所に手続を集中させることが可能となり，また子会社が企業グループ全体の貸借対照表総額と売上配分のうちの10%以上を有し，その子会社では，企業グループの労働者の10%以上が働いているときは，子会社の所在地に手続を集中させることが可能とされる。

b）すべてのコンツェルン企業のための単独管財人

さらに，ドイツ法によると，債権者の利益に合致し，また，特別倒産管財人（Sonderinsolvenzverwalter）を選任することで各々の活動領域について利害が抵触する可能性がなくなるときは，グループに属するすべての債務者のために，倒産管財人として1名だけを選任することができる（倒産法草案56 b条）[55]。

c）特別調整手続

コンツェルンに属する各々の企業について，倒産管財人以外の者が選任された場合に，それぞれのコンツェルン企業倒産手続の他に，特別調整管財人（besonderer Koordinierungsverwalter）を伴う調整手続が導入された（倒産法草案269 d条以下）[56]。この調整管財人は，それぞれのコンツェルン企業について調整された倒産手続運営を行うための提案を練り上げるものとされるが，この提案は調整計画に到達することができるよう，各手続における倒産計画の根拠として

---

55) *Zipperer*, Die einheitliche Verwalterbestellung nach dem Diskussionsentwurf für ein Gesetz zur Erleichterung der Bewilligung von Konzerninsolvenzen, ZIP 2013, 1007 参照。

56) *Seelinger*, New German Proposal for Insolvencies of Groups of Companies, Intern. Corp. Rescue 10 (2013), 295 参照。批判的であるのは，*Siemon/Frind*, Der Konzern in der Insolvenz, NZI 2013, 1, 3；*Siemon*, Konzerninsolvenzverfahren – wird jetzt alles besser?, NZI 2014, 55. 同様に批判的であるのは，*Harder/Lojowsky*, DiskE für ein Gesetz zur Erleichterung der Bewältigung von Konzerninsolvenzen, ZIP 2013, 327, 329.

機能するものである[57]。

　ヨーロッパ理事会はこの考えを原則として引きついでいる（Ⅵ 1 の最後を参照）。もちろん，ドイツの調整手続は，グループに属する債務者の申立て，または，その債務者の（暫定的）債権者委員会の申立てにより開始する（倒産法草案 269 d 条 2 項）。調整手続を奪うことは（EU レベルを除き）認められない。

Ⅶ. 債務処理と免責への道

　企業のみならず，個人商人，自由業または他の自営業者も取引生活において失敗している。EU 構成国のうち大半が，ともかくも自然人について免責手続を用意している[58]。しかし，その点については，EU 倒産規則 4 条 2 項 j および k（将来的には 7 条 2 項 j および k）によれば，倒産手続法（lex fori concursus）が適用される。だが，その点について各国では非常に大きな相違がある。

1．フォーラム・ショッピングの可能性

　イングランドでは，免責は通常，倒産手続開始後 1 年経つと認められ（1986 年倒産法 279 条），また，フランスのアルザス地方モーゼルでは 15 カ月後に認められるのに対して，ドイツでは自然人の債務者は一般的に倒産手続の終結後 6 年間，免責期間を待たなければならない。2013 年 7 月 15 日の免責手続短縮化法により，債務者が 3 年間のうちに，倒産債権者が有する債権のうち少なくとも 35％を支払った場合には，免責期間は 3 年に短縮された。債務者が最低でも手続費用を支払うことができた場合には，倒産手続終結後 5 年を経過すると免責される（倒産法 300 条 1 項，2 項 2 号，3 号）。しかし，この可能性は，所詮は理論的なものにすぎないと考えられている。それゆえ，ドイツ人債務者に

---

[57] Begründung des Regierungsentwurfs vom 30.1.2014, BT-Drucks. 18/407, S. 18 参照。

[58] *T. Linna*, Cross-Border Debt Adjustment – Open Questions in European Insolvency Proceedings, IntInsolRev 23 (2014), 20 参照。

とっては，自身の住所ないし，主たる利益の中心地をイギリスあるいは，アルザスに移すことが経済的にメリットとなる。各国間で倒産実体法に相違があり，また同時にEU法が人の移動の自由を保障している（リスボン条約21条，45条，49条）ことから，自分にとってより都合のよい法秩序に身を置くことは何人からも妨げられない。

2．COMIの職権調査および移転の厳格化

ところで，他国，たとえばイギリスに永続的に生活し仕事をしようとする債務者が，わずかではあるが存在する。それゆえ，免責をすみやかに得られるように，証明書を得るためだけに主たる利益の中心地を移すことは回避されなければならない。確かに，債務者が実際には主たる利益の中心地をイギリスに有していないことが証明された場合には，イギリスの免責は無効であると宣言されることがある（1986年倒産法282条）。より有利な倒産法上の地位を不当に得るような場合を排除するために，ヨーロッパ理事会とヨーロッパ議会によって承認された改正提案は，次のような新しい検討理由31を定めた。すなわち，管轄裁判所は，債務者の利益の中心地がその管轄領域に存在するか否かを，手続開始前に実際に調査しなければならないとした。新4条において，同様のことが再度明示されている。新草案5条によると，それぞれの債権者，または他の当事者は，法廷地国以外の構成国に住所または居所を有するときは，その裁判所が実際には管轄を有していないことを主張するため，主手続開始の裁判に反対する法的救済を申し立てる権利を有するとされる。

さらに，主たる利益の中心地をある構成国から他に移すことが困難になった。2014年11月20日草案によると，独立している企業の場合には倒産申立てがなされる3カ月前の主たる営業所所在地が，また，その他の自然人の場合には倒産申立てがなされる6カ月前の常居所が基準となる（草案3条1項）。

3．免責要件の調和

確かに，調査の要求を厳しくすることによって，重要な問題が包括的に解決

されるわけではないことは自明であろう。それよりも，債務免除または免責についての基準を実質的に統一することが確かに有意義であろう[59]。それゆえ，ヨーロッパ委員会は，すでに，2012年12月12日にヨーロッパ議会に対する通知において[60]，また，2013年1月9日の企業経営に関する2020年アクションプランにおいても[61]，また最後に，最近，各国倒産法の統一枠組に関する2014年3月12日勧告において，次の点を強調した。すなわち，問題がない倒産債務者はすべて，経済的に新しくスタートを図るためのチャンスをもう一度得るべきであり，それゆえ，免責待機期間をすべての構成国において倒産手続開始後最大3年に短縮されるべきであるとした[62]。具体的な立法の進展が待たれるところである。

VIII. 結論および展望

ヨーロッパ倒産規則は，ここ10年間で，EU域内での国境を越える倒産手続の処理を大いに容易にした。しかし，この規則は，国際裁判管轄と裁判の承認のみを統一したものにすぎず，その都度適用される国内倒産法を統一したわけではない。このことは，数多くの問題を生じさせた。もっともコンツェルン倒産に関する事項については，やがて解決に至るところにあるか，少なくとも法状態が著しく改善されている。その他にも，実務上重大な障害となる要素がまもなく除去される。しかし，重大な利益の衝突を除去することができるのは，長い時間をかけて準拠実体法が統一されたとき，あるいは少なくともその調和が図られたときにはじめてなしうる。

---

59) *Allemand/Baister/Kuglarz/Mathijsen* u.a., Mindeststandards für Entschuldungsverfahren in Europa?, NZI 2014, 1 参照.

60) Kommunikation von der Kommission ... vom 12.12.2012, COM (2012), 742 F.

61) COM (2012), 795 F.

62) Commission Recommendation of 12.3.2014 on a new approach to business failure and insolvency, C (2014) 1500 Final. *Beck*, EU-Kommission gibt Reform des Insolvenzrechts neuen Schub, ZVI 2013, 250 参照.

すでに中規模の企業は，今日の経済状況のもとで，他の EU 構成国のみならず，さらには北米，南米，そしてアジア諸国とのつながりを有しているものの，アフリカ諸国とはつながりがない。これらの国はすべて，ヨーロッパ法統一とは関係していない。EU 倒産規則は，EU 構成国間の関係に制限される。第三国との関係は，原則として，各構成国の国内法が適用される。真に満足のいく倒産処理ないし企業再生を実現するためには，世界経済の密接な関連性という重要性に鑑みて，これらの諸国とともに秩序だったグローバルな倒産処理を達成する大きな努力が必要である[63]。その限りで，1997 年 12 月 15 日の UNCITRAL モデル法によってすでに，日本，アメリカ，およびイギリスが採択したモデルルールが存在している[64]。しかし，ヨーロッパ大陸諸国は，モデル法が採用している承認に関する手続的解決方法に満足していないので，EU がモデル法を第三国との協調関係の基礎として採用する見込みは少ないように思われる。

　したがって，総括としては，次のように記すことができる。すなわち，ヨーロッパ倒産法は，EU の域内において処理される手続について著しい改善がなされた。しかし，我々は，国境を越えた倒産に関して幅広いルールを得るという目標からは，まだ遠いところにいる。

---

[63] 国境を越えたコンツェルン倒産の克服については，*Volpe*, Fighting the Challenge of Cross-Border Insolvency at ‚home': A Global Approach to the Failure of Multinational Enterprise Groups, Intern. Corp.Rescue 10 (2013), 4. *Kargman*, Emerging Economies and Cross-Border Insolvency Regimes : Missing BRICs in the International Insolvency Architecture, Insolvency and Restructuring International 7 (1) (2013), 6 も参照。

[64] *Westbrook*, Multinational Enterprises in General Default : The UNCITRAL Model Law and Related Regional Reforms, in Gottwald, Aktuelle Entwicklungen des europäischen und internationalen Zivilverfahrensrechts, 2002, S. 237 ; *Mikami*, Internationales Insolvenzrecht in Japan, ebda, S. 327 参照。

第 6 章　国際仲裁手続法をめぐる最近の問題

訳　芳　賀　雅　顯

I.　近年の展開

a）国際仲裁に関する法は，（採択国が多数に上ることから）きわめて生産性の高い基本秩序である。1958 年 6 月 10 日の外国仲裁判断の承認および執行に関するニューヨーク条約に基づいている。この条約は，かなり多くの問題を未解決のままにしており，しかも年数が経っていることから，近代化を必要としていよう。それにもかかわらず，この条約は，比類のない成功の道を歩んでいる。2014 年 12 月 24 日に，ブータンとガイアナの加盟により，現在の国連加盟国 193 カ国中 152 カ国でこの条約は適用されている。

b）仲裁手続法の現代化にとって大きな衝撃は，国連から発せられた。国連国際商取引法委員会（UNCITRAL）は，1985 年に，国際商事仲裁に関するモデル法を成立させた。また，2006 年にはこのモデル法の改正を決定した。その間，（97 の異なる法域を有する）67 カ国が，UNCITRAL モデル法を手掛かりに自国の仲裁法を近代的なものにした[1]。

c）国際仲裁は，確かに，国内法上の法的根拠なくしては存在することができない。しかし，このルールは，商品，サービスおよび資本が自由に往来する範囲において，仲裁手続の処理もまた自由な法的サービスの一つである，という事実を十分考慮しなければならない。そして，それに対応して激しい競争があ

---

1) T. Lemay/C. Montineri, Review of the Model Law's Implementation after Twenty-Five Years, in Bachand/Gélinas, The UNCITRAL Model Law After 25 Years, 2013, S. 3 参照。

り，そしてこの競争において，仲裁利用者のニーズをより一層適切に考慮した法や制度的枠組みを提供している国家や仲裁機関が，利益を享受しているのである。

　国際仲裁手続においては，長年，結局のところ，いつも同じ問題が生じている。上述の国際競争に基づき，国家は自国法を改善しようと努力し，また，制度提供者である巨大な仲裁機関も同様にその規律メカニズムを詳細かつ現代的なものにし，実務のニーズに適合させる努力をしている。なぜなら，近代的な仲裁法は，権利保護体系および経済体制に関する国際競争の中で，きわめて有利な立場にあると考えられているからである。この点は後に詳しく述べることにする。

　d）近時の議論で注目すべきことは，技術的な細かい点だけではなく，国境を越えた紛争事案を判断するための，公的ではない，私的な仲裁廷の正当性に関する議論である。後者の政治的批判は，とくに投資紛争仲裁に対して向けられているが，仲裁一般にもこの批判は多く寄せられている。この点についても同様に，後に詳述する。

II. 近年における改革

1．機関仲裁に関する新しいルール

　パリの国際商業会議所が，仲裁ルールを 2012 年 1 月 1 日に現代的なものにしたあと[2]，ここ 2 年間の間に数多くの他の仲裁機関もまた，そのルールの精緻化を図り，また，より効率的なものへと構築してきた。すでに，2012 年 5 月 1 日に中国国際経済貿易仲裁委員会（CIETAC）は仲裁ルールを改正した[3]。

---

　2) *A. Sessler/N. Voser*, Die revidierte ICC-Schiedsgerichtsordnung – Schwerpunkte, SchiedsVZ 2012, 120 参照。

　3) *Y. Jianlong/A. Neelmeier*, CIETAC Arbitration Rules 2012 – Another Move Forward, SchiedsVZ 2012, 134 ; Schütze/*Stricker-Kellerer/Moser*, Institutional Arbitration, 2013, S. 571 ff (Ch. VIII CIETAC Rules).

2012年6月には，スイス商工会議所は，新スイス国際仲裁ルールを施行している (Swiss Rules)[4]。ベルギー仲裁センター (CEPANI) は2013年1月1日に新仲裁規則を施行し，シンガポール国際仲裁センターは2013年4月1日に改正仲裁ルールを施行している。オーストリア連邦経済評議会は，新"ウィーンルール"を2013年7月1日に施行した[5]。香港国際仲裁センターは2013年11月1日に，新しい管理仲裁規則を施行した。2014年には，アメリカ仲裁協会国際紛争解決センター (ICDR) の新仲裁ルール (2014年6月1日) が続いた。少なくとも重要な機関による，最も新しい仲裁ルールとしては，ロンドン国際仲裁裁判所のルール，すなわち新しいLCIA仲裁ルールであり，これは，2014年10月1日より施行している。さらに新しい仲裁規則のリストは，今後も続いていくであろう[6]。

2．仲裁手続法に関する新しい立法

a) サウジアラビアには，2012年夏以降，UNCITRALモデル法の影響を受けた新しい仲裁手続法がある[7]。ベルギーでは，2013年9月1日に新仲裁手続法が施行されたが，この法律は，旧法よりもさらにUNCITRALモデル法の影響を強く受けたものである[8]。

オーストリア，マレーシア[9]およびシンガポール[10]もまた，仲裁手続法を細

---

4) *Schütze/Karrer*, Institutional Arbitration, 2013, S. 361 ff (Ch. V Swiss Rules)；*Ehle/Jahnel*, Revision der Swiss Rules – erhöhte Effizienz und Flexibilität, SchiedsVZ 2012, 169 参照。

5) *A. Baier/W. Hahnkamper*, Die neuen Wiener Regeln, SchiedsVZ 2013, 141.

6) *Wilske/Markert/Bräuninger*, Entwicklung in der internationalen Schiedsgerichtsbarkeit im Jahr 2013 und Ausblick auf 2014, SchiedsVZ 2014, 49, 52 ff；New and Amended Arbitration Rules, YCA 38 (2013), 19 参照。

7) *S. Al-Ammeri & A. Timothy Martin*, Arbitration in the Kingdom of Saudi Arabia, ArbInt 30 (2014), 387；*K. Bälz/A. Shahoud Almousa*, Reform des Schiedsrechts in Saudi-Arabien, SchiedsVZ 2013, 248.

8) Belgian State Gazette vom 28. Juni 2013；*L. Demeyere/H. Verbist*, Das neue belgische Schiedsverfahrensgesetz von 2013, SchiedsVZ 2013, 310 参照。

部にわたって改正した。オランダの改正も間近である[11]。

b）一般的に大いに注目を集めているのは，2015年1月15日施行予定のヨーロッパ管轄・執行規則（規則（EU）Nr.1215／2012—新 EuGVO）である[12]。

(1) なぜならば，2010年12月14日のヨーロッパ委員会による規則改正提案は，検討理由 20 において，仲裁合意の有効性は規則を通じて改められなければならないとしたからである。裁判所（staatlicher Gericht）と仲裁廷（Schiedsgericht）での並行手続および濫用的訴訟戦術を阻止するために，規則は特則を設けることとされた。この提案は，非常に活発な論争を巻き起こした。とりわけ，仲裁実務家は，仲裁手続法に関するルールに明確に反対した。

(2) それゆえ，最小限のコンセンサスが得られた部分だけが実現された。新しい検討理由は，規則は仲裁には適用されないこととし，また1条2項(d)の適用範囲の例外を具体的に定めたことを明らかにした。それによれば，仲裁廷と裁判所との権限を具体的に限界付けることは，これまでと同様にそれぞれの国内法に委ねられている[13]。

(i) 並行手続を阻止するための規律，または，裁判所の手続と仲裁廷での手続のいずれが優先するかに関する規律を，検討理由 12 は有していない。それゆえ，裁判所も仲裁廷も，有効な仲裁合意が存在するか否かを互いに独立して審理することになる。裁判所がこのような権限（Kompetenz）を

---

9) *Wilske/Markert/Bräuninger,* SchiedsVZ 2014, 49, 57 参照。

10) *Th. Klötzel,* Zur Fortentwicklung des internationalen Schiedsrechts von Singapur, SchiedsVZ 2012, 317 参照。

11) *J. van Haersolte-van Hof,* Revision of the Dutch Arbitration Act : Making the Netherlands A Better Place for Arbitration, JIntArb 31 (3) (2014), 425.

12) Verordnung (EU) Nr. 1215/2012 vom 12.12.2012, ABl Nr. L, Nr. 351/1.

13) しかし，*Domej,* Alles klar? – Bemerkungen zum Verhältnis zwischen staatlichen Gerichten und Schiedsgerichten unter der neu gefassten EuGVVO, Festschrift Gottwald, 2014, S. 97 ; *L. Hauberg Wilhelmsen,* The Recast Brussels I Regulation and Arbitration, Revisited or Revised?, ArbInt 30 (2014), 169 も参照。

有することを，検討理由12第1項2文は明確に定めているが，審査基準の程度，およびその結果としてどのような扱いをするのかについては，各国の国内訴訟法に委ねている。

したがって，国家裁判所が仲裁契約を有効ではないと考えて本案について判断を下したとしても，相手方当事者は仲裁廷に申し立てをし，この仲裁廷が仲裁合意の有効性を認めたうえで同様に本案の判断をすることができる。

これによって生ずる結果の矛盾は，仲裁判断の取消または承認の手続においてはじめて解決することができる。検討理由13第3項は，仲裁判断の承認および執行について，ニューヨーク条約を明示的に適用するよう指示し，また，新ブリュッセル規則73条2項は同条約が優先することを明示している。

仲裁は，新ブリュッセル規則1条2項(d)により，同規則の適用範囲から除外されているので，矛盾判決という承認拒絶事由（ブリュッセル規則45条1項(c)および(d)）は問題とはならない。（それぞれの国の立場から判断したときに）仲裁合意がその本国法上無効とされる場合，ニューヨーク条約5条1項(e)によると，仲裁廷の本国（Heimatstaat）は仲裁判断を取り消すことができ，また，ニューヨーク条約5条1項(a)によると，第三国は仲裁判断の承認・執行を拒むことができる。そこで，非常にまれではあるが，次のようなケースだけが未解決のままとなる。つまり，EU構成国裁判所が下した判決の承認と，同一事件につきその判決と矛盾する仲裁判断の承認が同時に求められ，承認国裁判所が仲裁合意を有効と考えた場合である。国家の裁判と仲裁を同等とする立場を前提とすると，次のような解決が提案される。つまり，新ブリュッセル規則45条1項(d)のように判断が下された時間的前後によるか，または，新ブリュッセル規則45条1項(a)のように承認国の公序（ordre public）を基準にすることが考えられる[14]。

---

14) *Domej* (Fn. 13), S. 97, 105 ff.

(ii) また，検討理由12は，次のような内容のヨーロッパ司法裁判所判決の立場を改めていない[15]。この判決は，構成国間相互の関係における訴訟中止命令（Anti-suit Injunction）を一般的に不適法であるとしただけでなく，仲裁廷のためになす場合をも不適法とするものであった[16]。仲裁合意の有効または無効の確認を求めて裁判所に訴えを提起することは適法ではあるが，しかし，それに関する裁判は，新ブリュッセル規則によれば承認されない（検討理由12第2項）。だが，ある裁判所の本案判決が先決問題としての仲裁合意の有効性を否定していたとしても，この本案判決は他のすべての構成国において承認されなければならないことは，明白である（検討理由12条3項）。そうしないと根拠のない仲裁合意の抗弁を提出することで，被告がEUの領域で本案判決の承認を簡単に阻むことができることになる，一種の"スーパー・トルピード（Supertorpedo）"を認めることとなってしまう[17]。

(iii) 検討理由12条4項は，仲裁廷の構成，仲裁人の義務の明確化，証拠調べにおける共助といった仲裁手続の実施についての国家裁判所における付随的手続（Nebenverfahren）を仲裁の一部とみなして，各国立法者の権限に分類しているが，このことについて問題はない。

c) 国家レベルあるいは（仲裁）機関のレベルで，このように数多くの現代化が図られていることから，1958年ニューヨーク条約改正の必要はないのかとの疑問がおこるのも，もっともである。50年以上経ったため，実際上，広範な改革の必要性があろう。

(i) これは，ニューヨーク条約2条2項にいう"書面による"仲裁合意という要件が，国際取引における近代的コミュニケーション手段（たとえば，ファクスやEメール）に適合しなくてはならないのではないか，ということから始まった[18]。

---

15) EuGH Slg. 2009, I-663 (*Allianz v West Tankers*).
16) *Domej* (Fn. 13), S. 97, 101 f.
17) *L. Hauberg Wilhelmsen* ArbInt 30 (2014), 169, 183.

(ii) さらに，本国 (Heimatstaat) で仲裁判断が取消された場合は，ニューヨーク条約5条1項(e)によれば，承認されないとすることができる (nicht anerkannt werden kann) という扱いも問題であるとされている。確かに，本国は場合によっては仲裁判断を取消すことができるので，承認可能な仲裁判断はもはや存在しないということは，それ自体正しい。しかし，わがままな"政治的"理由から，自国民に有利になるように（仲裁判断を）取消す場合が，たえず存在していた。外国当事者の本国が，この取消しを受け入れるということは[19]，ニューヨーク条約5条1項(e)の文言に合致するが，決して好ましいものではない。同様に，承認を拒否することが"できる"とするのみで，許否しなければならないとしていないニューヨーク条約5条1項の文言を通じて，また，ニューヨーク条約7条1項の最恵国条項によって，各国は，すでに取消された仲裁判断を承認し，それによって，いわゆる"跛行的仲裁判断"が生じるという扱いもまた適切ではない[20]。これについては，一般的ガイドラインが必要であろう。モデルとなりうるのは，1961年4月21日の国際商事仲裁に関するヨーロッパ条約9条であり，それによると，締約国は特定の取消事由のみを承認するとされている。

(iii) "不条理な"理由に基づく仲裁判断の取消と相関関係にあるのは，国家のきわめて主観的理由に基づく，公序 (ordre public) 違反（ニューヨーク条約5条2項(b)）による不承認である[21]。それゆえ，一定の国際条約による歯

---

18) *Wolff/Liebscher*, New York Convention, Commentary, 2012, Prelims 63 to 66.
19) *Termorio S.A. v Elektranta S.P.*, 487 F.3d 928 (2007) 参照。
20) そう説くのは，*Wolff/Liebscher* (Fn. 18), Prelims 67. 批判的であるのは，*Poudret/Besson*, Comparative Law of International Arbitration, 2nd ed. 2007, Note 990 ; *Kreindler*, Herausforderungen für die internationale Schiedsgerichtsbarkeit : Gestern, Heute und Morgen, SchiedsVZ 2007, 316, 317. 情報に富むのは，*Ch. Koch*, The Enforcement of Awards Annulled in their Place of Origin, JIntArb 26 (2) (2009), 267.
21) 批判的であるのは，*Wolff/Wolff* (Fn. 18), Article V Rn. 491.

止めが有意義であろう。

(iv) アルベルト・ファン・デン・ベルク（Albert van den Berg）は，すでに2009年に，ニューヨーク条約改正草案を提出していた[22]。仲裁実務に携わる者の多く，および各国は提示された問題点を否定しなかったが，実際上の理由から新しい条文に反対を表明した。すなわち，新しい条文はすべての締約国によって批准されなければならないため，長い年月の間，条約の異なったテクストが適用されることとなり，それによって法的明確性および法的確実性が損なわれてしまうというものである[23]。常識に基づいた解釈によって，それほど深刻にならずに現代化の必要性を考慮することができるとされる。それゆえ，ニューヨーク条約2条2項は，正当にも，あらゆる契約上の合意を含むと解されている[24]。

3．機関仲裁手続のルールに関する新しい内容

a）これまで言及したすべての仲裁規則での改正点の一つは，仲裁廷による仮の権利保護の導入または改善である。UNCITRALモデル法17条以下に仮の措置を発令する仲裁廷の一般的権限を定めた後に，実務上ある問題が生じた。それは，非常に多くの場合，仲裁廷が構成されていないか，あるいは，仲裁手続それ自体が非常にゆっくりと進行していた，というものであった。そこで，たとえば，ドイツ仲裁協会（DIS）は2008年に，迅速手続のための補充的ルールを導入した[25]。しかし，この迅速手続もまた，仲裁廷が構成されていることを前提としている。

b）仲裁手続申立書の提出から仲裁廷の構成が確定するまでの間を橋渡しする

---

22) In : 50 Years of the New York Convention, 2009.

23) *Wolff/Liebscher* (Fn. 18), Prelims 70 参照。

24) UNCITRAL Guide on the Convention on the Recognition and Enforcement of Foreign Arbitral Awards, Note by the Secretariat of 13.1.2014, A/CN.9/814/Add.2 Notes 50 seqq.

25) *K. P. Berger*, Die Ergänzenden Regeln für Beschleunigte Verfahren der Deutschen Institution für Schiedsgerichtsbarkeit, SchiedsVZ 2008, 105 参照。

ために，2012年の国際商業会議所（ICC）規則29条は，緊急仲裁人（emergency arbitrator）制度を導入した。ICC規則29条が定めているところによると，両当事者は仲裁廷が構成される前に，特別な緊急仲裁人規則に基づき，処分の発令を求める申立てをなすことができる。仲裁組織である仲裁裁判所（"Court"）によって選任された緊急仲裁人は，現状が不利益に変更されることを阻止するために命令を発し，また，暫定的ルールを発することが許される（29条1項）。緊急仲裁人による決定（Beschluss）は仲裁廷自身を拘束することはない。仲裁廷は命令を変更し，終結させ，または，すべてを取消すことができる（29条3項）。

緊急仲裁人はその処分を"仲裁判断"ではなく"決定"によって発令するため，ニューヨーク条約による承認・執行は問題にならない。このことは，"緊急仲裁人"は正当な仲裁人ではなく，緊急仲裁人による言渡しは両当事者による"契約上の合意"の結果であるということによっても正当化することができる[26]。

29条2項2文によると，両当事者は緊急仲裁人が発した命令にはすべて従う義務がある。命令に従わなかったことで，一方の当事者が損害を被った場合には，その者はそれによって生じた手続費用に加えて損害を，すでに構成されている仲裁廷において請求することができる[27]。

ICC仲裁の合意は，原則として，緊急仲裁人に関するルールをも含む。しかし，両当事者は，このルールを排除することができる（29条6項(b)）。さらに，緊急仲裁人に関するルールがあるからといって，いずれの当事者も，管轄裁判所において緊急的措置を申し立てることを妨げられるものではない（29条7

---

26) *B. Baigel*, The Emergency Arbitrator Procedure under the 2012 ICC Rules: A Juridical Analysis, JIntArb 31 (1) (2014), 1. 9, 18; für volle Schiedsrichterstellung dagegen *Schütze/Reiner/Aschauer,* Institutional Arbitration, 2013, ICC Rules Rn. 591 ff. 参照。

27) *Schütze/Reiner/Aschauer,* Institutional Arbitration, 2013, ICC Rules Note 607 参照。

項)。

　c) 緊急仲裁人の導入は非効率な形態であるとの批判があるにもかかわらず[28]，近年になって規則を新しくした多くの仲裁機関はこれに追随し，国際商業会議所（ICC）と同じような規則を導入した[29]。言及しておくべきは，新スイスルール 43 条[30]，2014 年ロンドン国際仲裁裁判所（LCIA）仲裁規則 9 B 条，および 2014 年国際紛争解決センター（ICDR）仲裁規則 6 条である。また，2013 年シンガポール国際仲裁センター（SIAC）規則 5 条，2013 年ベルギー仲裁センター（CEPANI）仲裁規則 26 条，および，2013 年香港管理仲裁規則 23.1 条は，仲裁廷が構成される前の緊急仲裁人を定めている。ただ 2013 年ウィーンルール 33 条だけは，暫定的措置については，仲裁廷がすでに構成されていることを求めている。

4．多数当事者仲裁

　a) 1985 年／2006 年 UNCITRAL モデル法は，次のような問題に関する規律を有していない。すなわち，申立人あるいは被申立人の側で複数の当事者がいる場合にどのようにすべきか。また，第三者が事後的に申立人あるいは被申立人，さらには第三者として手続に関与することができるか否か，最後に，複数申し立てられた（anhängig）仲裁手続を相互に併合することができるのか否かである。1998 年ドイツ仲裁協会（DIS）仲裁規則も，これらの点についてルールを有していない。

　まさに巨大プロジェクトから生じた紛争では，仲裁手続に第三者を引き込む必要性が非常に大きい。すでに 2010 年 UNCITRAL 仲裁規則 17 条 5 項は，こ

---

28)　そう説くのは，*E. Loquin*, L'arbitre d'urgence, un objet juridique non identifié, IJPL 2 (2012), 261.

29)　*A. Ghaffari/E. Walters*, The Emergency Arbitrator – The Dawn of a New Age?, ArbInt 30 (2014), 153 参照。

30)　*B. Ehle/W. Jahnel*, Revision der Swiss Rules – erhöhte Effizienz und Flexibilität, SchiedsVZ 2012, 169 参照。

の実務上の要請を部分的に実現している。それよると、仲裁廷は、一方の当事者の申立てに基づき、以下の二つの要件のもとで、1人または複数名の第三者が仲裁手続に当事者として参加することを認めることができる。その要件とは、(1)その者が仲裁合意の当事者でなければならないこと、および(2)仲裁廷は、参加したことそれ自体が、従前の両当事者のうちの一方に不利益をもたらすこととなる判断をしてはならない、ということである[31]。

b) 2012年国際商業会議所 (ICC) 仲裁規則7条以下は、現在、当事者の拡張および複数当事者手続に際しての方法、および手続の併合を規律している。

(i) ICC規則7条1項によると、まだ仲裁人が選任されていない場合には、一方の当事者は、さらに別の者を参加人として手続に関与させることを申し立てることができるが、参加人を含めたすべての当事者が別段の合意をしているときは、この限りでないとされる。さらに、6条4項の諸要件を満たしていなければならない。すなわち、すべての当事者はICC規則に適合した仲裁合意に拘束されていなければならず、また、"仲裁裁判所 (Gerichtshof：Court)"すなわち仲裁組織は、それぞれの仲裁申立てが相互に両立しうることと、すべての当事者が一つの手続に併合されることに同意していることについて、一応の (prima facie) 確信に到達していたことが求められる[32]。

ICC仲裁規則8条はさらに、付託事項書 (Terms of Reference) が署名されていない場合や、仲裁廷 (Schiedsgericht：Arbitral Tribunal) によって正当と認められることなく、仲裁裁判所 (Gerichtshof：Court) によって承認されているときは、各々の当事者はそれぞれの相手方当事者に対し、自分の側から仲裁手続の申し立てをすることができるとする (ICC規則8条1項、23条4項)。

(ii) 最後に、ICC仲裁規則10条は、一方の当事者の申立てに基づき、以下の場合は、複数の仲裁手続を一つの手続に併合することを認めている。す

---

31) D. Caron/L. Caplan, The UNCITRAL Arbitration Rules, 2nd ed., 2013, p. 54 参照。
32) Schütze/Reiner/Aschauer (Fn. 27), ICC Rules Notes 132 to 136 参照。

なわち，両当事者が併合に同意している場合で，すべての仲裁申立てが同一の仲裁合意に基づいているか，かりに複数の仲裁申立てが複数の仲裁合意に基づくものであっても，手続が同一当事者間でなされ，かつ，法的紛争が同一の法的関係によるものであり，仲裁裁判所（Gerichtshof：Court）が仲裁合意は相互に両立しうるものであると考えたときである[33]。紛争解決が迅速に行われる場合，または解決が容易になされる場合には，併合すべきであるとされる[34]。仲裁裁判所（Gerichtshof：Court）は，併合の可否を判断するに際しては，1人または複数の裁判官がすでにどの程度選任され，または承認されたのかということも考慮しなければならない。複数の仲裁手続が併合される場合，当事者間で別段の定めがない限り，それらの手続は，はじめに開始した仲裁手続に移送される。

(iii) 仲裁人の選定に関するルールは，非常に重要である。各々の当事者は仲裁廷のメンバーに対して，平等に影響力を有していなければならないため，原告または被告サイドの共同申立人（Streitgenossen）は，仲裁人として選定または認証してもらうために，ICC仲裁裁判所に対して提案する1名の人物を合意しなければならない（ICC規則12条6項）。仲裁申立て後の手続に，さらに当事者が参加する場合も同様である（ICC規則12条7項）。いずれの場合も，両当事者が別段の定めをしていない限りは，第三の（長となる）仲裁人が他の場合と同様に"ICC仲裁裁判所"によって選定される（ICC規則12条5項）。

両当事者が共通する1名の仲裁人について合意に至らなかった場合に，どうなるのかは重要である。原則として，その場合は，ICC仲裁裁判所が3名すべての仲裁人を選定し，そのうちの1名を長に任命する（ICC規則12条8項）。したがって，仲裁組織は，複数当事者仲裁の場合には，仲裁廷のメンバーに極めて大きな影響を及ぼすことになる。

---

33) 実際の事件については，*Karaha Bodas Co. v Perusahaan Pertambangan Minyak Dan Gas Bumi Negara*, 364 F. 3d 274 (5th Cir.) 参照。

34) *Schütze/Reiner/Aschauer* (Fn. 27), ICC Rules Note 191.

実務では，このルールはますます需要が増えてきている[35]。

c）第三者が当事者として関与したり，また手続を併合することに関する同様のルールは，2014年国際紛争解決センター（ICDR）規則7条および8条に見出すことができる。国際商業会議所（ICC）規則を上回るものとして，ICDR規則8条1項(c)は次のようなルールをさらに定めている。すなわち，相殺債権が複数の仲裁契約に含まれるものの，双方の手続が同一の法的関連性を有し，特別に選定された"併合仲裁人（Consolidation Arbitrator）"が，仲裁合意は相互に両立しうるとの結論に達した場合には，手続の併合は，相殺を理由とする場合にも行うことができる，と。

驚くべきことに，2014年ロンドン国際仲裁裁判所（LCIA）仲裁規則は，多数当事者仲裁について規定を有していない。

d）2013年ウィーン規則14条および15条も，後発的な共同申立人および手続の併合を認めている。14条によると，諸般の事情を考慮して，第三者を手続に引き込むことができる。これ以上のことは定められていない。仲裁手続の併合は，両当事者が同意しているか，または，同一の仲裁人が選定され，かつ，仲裁地がすべての仲裁合意につき同一である場合には認められる（15条）。注目すべきは，両仲裁対象の内的関連性が要求されていないことである。

e）2013年香港管理仲裁規則27条および28条においては，事後的な当事者の拡大および仲裁手続の併合が，大変詳細に定められている。27条1項によると，当事者の拡大が認められるための要件は，追加される当事者が香港国際仲裁センター（HKIAC）規則に服する仲裁合意に拘束されることだけである。すでに申し立てられている（anhängig）仲裁手続の併合が適法とされるのは，28.1条(c)によると，次の場合である。すなわち，当該仲裁手続において，共通の法的問題および事実に関する問題が判断されなければならないところ，それらの問題が同一取引に基づくものであり，または取引の同一結果に関係することが明らかであり，かつ，香港国際仲裁センターがこれらの仲裁合意は相互

---

35) そう説くのは，*Flecke-Giammarco*（ICC International Court of Arbitration）. Bericht von *Orgel*, SchiedsVZ 2013, 223, 225 参照。

に両立しうると考える場合である。

f）2013年ベルギー仲裁センター（CEPANI）規則は，11条において参加の可能性，すなわち，仲裁手続に第三者が関与できる場合について詳細に定めており，また，13条では，複数申し立てられた仲裁手続の併合を定めている。それによると，参加が適法とされる場合は，その第三者がCEPANI規則に服し，しかし，それと共に，原則として仲裁人がまだ選任あるいは認証されていない場合に限る。手続の併合は，それらの手続が関連性を有していたり，または不可分の関係にある場合は，一方当事者の申立てに基づいて，選任委員会（Bestellungskomittee）または仲裁センター長によって命じられる（13条1項1文）。

III. 国家裁判所と仲裁廷の関係

1．仲裁廷の権限問題（Kometenz-Kompetenz）

たいていの場合，各国仲裁法は，この間，UNCITRALモデル法のモデルに従っているが，モデル法によると，仲裁廷は自己の管轄の有無を判断することができるとされる（UNCITRALモデル法16条）。すなわち，Kompetenz-Kompetenzの原則を認めている。それによると，仲裁廷は，仲裁合意が有効か否か，そしてそれに引き続いて，法的紛争の本案を判断する権限を有する。しかし，また仲裁廷は，仲裁合意が無効であるとの消極的結果に行き着くこともある[36]。また，仲裁合意は，法的には独立した契約とみなされるという点でも一致している。それゆえ，仲裁廷が，主契約は確定無効（nichtig）あるいはそうでないとしても不確定無効（unwirksam）であるとの結論に達したとしても，このことが仲裁契約それ自体の不確定無効であるという結論にはならない（UNCITRALモデル法16条1項3文）。

---

36) *G. Marchisio*, Jurisdictional Matters in International Arbitration : Why Arbitrators Stand on an Equal Footing with State Courts, JIntArb 2014 31 (2014), 455 参照。

2．国家裁判所による修正

上述の仲裁廷の権限（Kompetenz）が終局的（endgültig）ではないという点も一致している。多くの国では，有効な仲裁合意がない場合には，申立てに基づいて，国家裁判所は各国の仲裁判断を取消すことができるとしている（たとえば，ドイツ民事訴訟法1059条2項1号(a)）。外国においては，仲裁判断は，取消すことはできないが，ニューヨーク条約5条1項(a)によると，仲裁判断の基礎となる仲裁契約が効力を有していないと外国の受訴裁判所が判断した場合には，承認および執行が拒否されることがある。

3．訴訟差止（Anti-suit Injunction）

しかし，仲裁手続の開始または続行を当事者に強制するため，あるいは裁判所での手続の開始または続行のために，裁判所は，当事者に仲裁手続差止を求めて介入することができるのか否か，できるとするとどの程度許されるのか，という点には見解の相違がある。アメリカ合衆国およびイギリスの裁判所は，かつては繰り返し，被告の申立てに基づいて，いわゆる訴訟差止命令（anti-suit injunction）を発令してきた。それに基づき，原告は外国裁判所で係属している手続の続行を禁じられる。そのような不作為処分は，仲裁合意を貫徹するためにも発令された。

形式的には不作為処分は，相手方当事者に対してのみ向けられているが，それによって，間接的に，そして実際上は，他の外国裁判所での国家による手続をも阻止することになる。EU域内においては，ヨーロッパ司法裁判所は，このような手続の阻止は相互信頼の原則に違反するとして不適法であると宣言し，そのことは国家裁判所のためになされた不作為処分についても[37]，また，West Tankers事件においては，仲裁手続のためになされた不作為処分についても[38]，同様に認められないとした。

---

37) EuGH Slg. 2004, I-3565 (*Turner v Grovit*).
38) EuGH Slg. 2009, I-686 (*Allianz v West Tankers*).

West Tankers 判決は，とりわけロンドンでは，きわめて批判的に受け取られている。大陸法諸国においては，管轄合意も仲裁合意も，処分的効力（Verfügungswirkung），すなわち，管轄を根拠付ける効力が認められるだけであるのに対して，コモンロー諸国の裁判所は，そのような合意は義務づけの効力を伴った債権契約であり，その契約の遵守は，仮の権利保護を通じて強制することができるとの考えを堅持している。イギリス最高裁は，2013 年 6 月 12 日の Ust-Kamenogorsk 水力発電所事件でこの立場を維持した。イギリス最高裁は，上級裁判所法 37 条 1 項に基づいて，契約遵守のための必要的処分を発令する権限を強化した。同条項に基づいて，イギリス最高裁は，ロンドンでの仲裁手続のために，カザフスタン裁判所の手続の続行を差止めた[39]。

IV. 国際的な仲裁裁判所に対する不信

a) 国際仲裁の利点は，近時は政治の場において短所として取り上げられ，ほとんど忌み嫌われている。仲裁の利点は，手続が非公開で行われること，両当事者のうちの一方に近い存在である裁判所が判断するのではないこと，そして，両当事者は資格を有する仲裁人を自らの選択により探すことができる点にあることは疑いない。

そのことは，また，そしてとくに，投資仲裁，すなわち，投資家が外国国家を相手にする紛争においてあてはまる。なぜなら，外国国家は，事実上，おそらくは没収または没収に近い処分によって，投資によって得た収益を投資家から奪っているからである。ほとんどすべての二国間投資保護協定は，今日，次のような条項を有している。すなわち，この種の紛争は，1965 年 3 月 18 日の国際投資紛争解決条約（ICSID）によって判断されるものとする，と。この条

---

39) English Supreme Court [2013] UKSC 35. この点については，*Kraayvanger/Sarkodie*, AES Ust-Kamenogorsk Hydropower Plant LLP v. Ust-Kamenogorsk Hydropower Plant JSC : Englischer Supreme Court stärkt den internationalen Schiedsort London, SchiedsVZ 2013, 256.

約によると，そのような紛争については，ワシントン D.C. に本拠を有する世界銀行に組織上の拠点がある，仲裁裁判所が判断する[40]。

アメリカ合衆国とヨーロッパ連合との自由貿易協定（環大西洋貿易投資パートナーシップ TTIP）の交渉に際して，強力な政治的抵抗が投資保護条項に対して向けられたが，この条項はその種の協定では普通になされるものであり，それはすべての紛争を適切な仲裁裁判所に服させるというものである[41]。すでに決着をみたカナダとの EU 協定（包括的経済貿易合意（CETA））でも，同様のことが生じた。

批判を展開する者は，次のように主張する。すなわち，そこで予定されている仲裁裁判所による賠償は，アメリカ合衆国の影響下にある影の司法（Schattenjustiz）に行きつくであろう。なぜなら，この仲裁機関はアメリカに本拠を有し，それによってこれらの手続の両当事者を代理するために，自動的にワシントンかニューヨークの巨大弁護士事務所の弁護士にとくに資格が与えられ，それだけでなく，仲裁人としても指名されるであろう。結論として，そのような仲裁廷は，中立ではなく国家的バイアスがかかったものとなっているが，このような事態はまさしく国際仲裁の合意を通じて回避されなければならないことである，と。それゆえ，批判を展開する者は，まさにヨーロッパ連合諸国との関係では，そのような投資保護条項は不必要であると考えている。EU 構成国の裁判所は，仲裁廷と異なり，民主的正当性が付与され，また，国家によるコントロール手段，たとえば，環境保護，消費者保護，資本市場の規制，などといったコントロール手段が没収に近い効果を有し，賠償義務を負わせていることとは，無関係に長年にわたって判断してきたとされる[42]。このような危惧は，ス

---

40) 詳細は，*Lörcher*, ICSID-Schiedsgerichtsbarkeit, SchiedsVZ 2005, 11 参照。

41) *Brühl*, Türen zu – oder auf. Streit um Investorenschutz. Der erbitterte Widerstand gegen die Schiedsgerichte gefährdet das ganze Freihandelsabkommen TTIP, Süddeutsche Zeitung vom 12.8.2014, Nr. 184, S. 18 参照。

42) *Fölsing*, Chevron gegen Ecuador : Lehren für den transatlantischen Investorenschutz, RIW 2014, 500, 502 ; Schiedsgerichte im Freihandel. Gut für Konzerne, schlecht für die Bürger, Süddeutsche Zeitung vom 1.10.2014, Nr. 226, S. 15 参照。

ウェーデンのエネルギー企業 Vattenfall がドイツ連邦共和国を相手にした，国際投資紛争解決条約に基づく仲裁申立てによって明らかにされ，あるいは，増大した。Vattenfall 社は，ドイツ連邦共和国が原子力エネルギーから撤退すること，すなわち，福島の事故後に稼働中の原子力発電所の稼働期間を短縮させた結果として，46億ユーロの賠償を請求した[43]。アメリカ合衆国の法的ヘゲモニーに対する危惧と結びついた，私的な仲裁廷に服することへの抵抗は，EU 委員会の貿易委員がヨーロッパ議会に対して，アメリカとの自由貿易協定において適切な投資保護条項をどのように設けるかを説明しなければならない事態をもたらした。この問題がどのようにして最終的な政治的解決にいたるのか，見守ることにしよう。私自身は，これは，委任を受けた者そして仲裁人の選任に対する疑念はたまたま理由があったものの，それが仲裁による紛争解決一般にまで不当に押し広げられているように思われる。外国投資家の立場からすれば，EU 構成国の各国裁判所もまた，当然のことながら，ある程度は，各国の事情を伴って裁判がなされている。まさしく，このような様相は，国籍とは関係のない仲裁裁判所の選定を通じて，適切に回避されねばならない[44]。

b）投資紛争仲裁における仲裁裁判所に対する同じような不信感は，——このことは過小評価すべきでないが——商事仲裁にも及んでいるように思われる。問題は自明である。すなわち，腐敗しているとの非難[45]，買収があるまたは不平等であることへの非難を，いかにして効率的に防ぐかである。

(1) 少なくとも投資紛争における仲裁手続について，何らかの手続公開を創

---

43) „Ausgestrahlt. Vattenfalls umstrittene Milliardenklage in den USA gegen den Atomausstieg verärgert die Bundesregierung", Süddeutsche Zeitung vom 25./26.10.2014, S. 29 参照。

44) *C. Classen*, Die Unterwerfung demokratischer Hoheitsgewalt unter eine Schiedsgerichtsbarkeit, EuZW 2014, 611, 613.

45) *Th. Kendra/A. Bonini*, Dealing with Corruption Allegations in International Investment Arbitration : Reaching a Procedural Consensus?, JIntArb 34 (2014), 439; *C. Rose*, Questioning the Role of International Arbitration in the Fight against Corruption, JIntArb 31 (2) (2014), 183 参照。

設することが考えられる[46]。UNCITRAL 仲裁規則 1 条 4 項（2013 年テクスト）および，投資仲裁の透明化に関する UNCITRAL 規則（UNCITRAL Rules on Transparency in Treaty-based Investor-State Arbitration：2014 年 4 月 1 日施行）がある[47]。それによると，紛争それ自体（2条），また，申立て，申立ての拡張，仲裁廷の処分，および仲裁判断それ自体（3条）は，公開されなければならない。口頭弁論もまた，原則として公開で実施されなければならない（6条）[48]。すべてが適切に進んでいたのか誰も最後までわからないということは[49]，いずれにしても，将来の投資仲裁手続についてはもはやあてはまらない。この透明性が重要であることは，UNCITRAL がこの領域において国際条約を準備していることによって示されている[50]。

(2) すべての仲裁手続規則では，仲裁人は独立，かつ公平でなければならないとされる。もっとも，"グレーゾーン"はあり，また，実際上，問題のある手続関与のケースが少なからずある[51]。その限りで，仲裁人のための詳細な倫理規定は有用であろう[52]。アメリカ仲裁協会（AAA）は，すでに 2004 年 3 月 1 日に，"商事紛争における仲裁人のための倫理規則"を提出した。英国仲裁人協会（Chartered Institute of Arbitrators）（ロンドン）は，2009 年 10 月に，これに従った。しかし，この規則は，まだ，一般的に知

---

46) *Buntenbroich/Kaul*, Transparenz in Investitionsschiedsverfahren – Der Fall Vattenfall und die UNCITRAL-Transparenzregeln, SchiedsVZ 2014, 1 参照。

47) UN-Vollversammlung mit Resolution 68/109 vom 16.12.2013 によって採択された。掲載は，52 ILM 1300 (2013) with Introductory Note by *K. Loken*。

48) *Duve/Wimalasena*, Schiedsgerichtsbarkeit und Transparenz im transatlantischen Freihandel, AnwBl 2014, 511 参照。

49) そう説くのは，*Prantl*, Der Fluch des Schiedsgerichts, Süddeutsche Zeitung, Nr. 221 v. 25.9.2014, S. 17.

50) UNCITRAL, Settlement of commercial disputes：Draft convention on transparency in treaty-based investor – State arbitration, of 4.3.2014, A/CN.9/812.

51) *J. Fry & J.I. Stampalija*, Forged Independence and Impartiality：Conflicts of Interest of International Arbitrators in Investment Disputes, ArbInt 30 (2014), 189 参照。

52) *Fölsing* RIW 2014, 500, 503 参照。

られるところとはなっていないようである[53]。

(3) 仲裁手続における私的代理人についても，最低限の行動基準が妥当するとされる。当事者の利益は，客観的に，かつ人的な独立性を保ちながら主張されなければならない。国際法曹協会（IBA）は，その点について，2013年5月25日に，"国際仲裁における当事者の代理に関するガイドライン"を採択した。ガイドライン5によると，仲裁廷が構成された後は，代理人と仲裁人との関係が利益相反を引きおこす場合には，手続が公になった後，いずれの当事者も異議を述べなかった場合を除き，何人も当事者の代理を引き受けてはならないとされる。当事者の代理人はいずれも，仲裁人と仲裁手続に関する話を相手方を交えずに片面的に行うことはできないとされるが，仲裁人および仲裁人長となる仲裁人の選任，ならびに，それらの者の資格に関する場合はこの限りでない（ガイドライン7，8）。代理人は，故意に誤った事実に関する主張をなしたり，証言が誤っていると知りながら，鑑定や証人の申請をなすことは許されない（ガイドライン9，11）。情報交換および文書提出を通じた事案解明は，不誠実，意地の悪い，あるいは手続を不必要に遅滞させるといったものではないならば，用いることが許される（ガイドライン13）。違反をした場合，仲裁廷などは，その当事者に不利益な結論を導き出したり，手続費用について制裁を課する権限を有する（ガイドライン26）。

"公正かつ効率的仲裁のためのプロトコル"[54]の作成や，"第三者の資金に関するタスク・フォース"[55]での開示義務に関する基準の発展といった，国際商事仲裁協会（ICCA）による努力の成果が示していることは，仲裁手続の完全性や効率性は，本来あるべき状態と比べて，必ずしも十分とはいえないということである。この基準が一般的に顧慮されれば，仲裁廷での戦略的な手続追行に

---

53) *Fortier/Bachand*, An International Arbitrator's Perspective on Future Reform, in Bachand/Gélinas (Fn. 1), S. 279, 280 ff. 参照。

54) http://www.arbitration-icca.org/projects/Protocols.html 参照。

55) http://www.arbitration-icca.org/projects/Third_party_Funding.html 参照。

関する不満もまた，確かに減少することになろう。

適切な基準が一般的に実現されれば，国際的な仲裁廷での戦略的手続追行に関する不満はなくなっていくであろう。

V. 結　　論

結論は次のようになる。

仲裁手続法には，まだ若干，他にもアクチュアルな問題がある。たとえば，仲裁手続の信頼性の問題[56]，すなわち，この信頼性は個別的な契約上の根拠にのみ基づいているのか，または，法律および／または機関仲裁規則によって定められているべきか否かという問題である。また，たとえば，"E-Discovery"[57]といった証拠調べの問題，あるいは仲裁廷による和解に向けた適法な活動の問題は，これまでと同様，一定の役割を果たす。口頭弁論および証拠調べについて，ビデオ技術の利用に関する新しいルールが議論されている。

いずれにしても，私の概観が示したのは，近年の主眼は国際仲裁の効率性とクオリティーの向上にあるという点である。それに対応して，UNCITRAL は，まさしく本稿で述べた点について，仲裁手続組織のためのガイドラインを補い，また現代化を図った[58]。目的は明らかである。すなわち，仲裁廷は，国家による裁判に対して，真に同じ資格を有する選択肢になるということである。しかし，この関心事は，関係するルールの範囲が広がり，仲裁手続がさらに司法化し[59]，それゆえ，裁判所における手続との区別が一層少なくなる，という

---

[56] *Fortier/Bachand* (Fn. 50), S. 279, 299 ff. 参照。

[57] *M. Hilgard*, Electronic Discovery im Schiedsverfahren, SchiedsVZ 2008, 122 参照。

[58] UNCITRAL, Working Group II, Settlement of commercial disputes: Revision of the UNCITRAL Notes on Organizing Arbitral Proceedings, Note by the Secretariat of 17 July 2014, A/CN.9/WG.II/WP.183.

[59] すでに言及している文献として，*Sanders*, Quo Vadis Arbitration?, 1999, S. 22 参照。

ことに行きつく。

　上述のことによって，客観的仲裁能力や，仲裁合意に適用する法[60]，および仲裁廷によって本案に適用される法[61]に関する伝統的な諸問題が完全に解決されたというつもりはない。しかし，多くの国々が，国家法以外の法を選択して適用することができるとした[62]，リベラルなUNCITRALの考えを採用して以来，これらの問題は，現在ではいずれにしても，アクチュアルな議論とはいえない。

---

60) *U. König*, Zur Bestimmung des Schiedsvertragsstatuts bei fehlender Gesetzesgrundlage nach Inkrafttreten der Rom I-Verordnung, SchiedsVZ 2012, 129 参照。

61) *Grimm*, Applicability of the Rome I and II Regulations to International Arbitration, SchiedsVZ 2012, 189 のみを参照。

62) 現在の状況について，*Kronke*, Principles Based Law and Rule Based Law: The Relevance of Legislative Strategies for International Commercial Arbitration, Festschrift v. Hoffmann, 2011, S. 1002 参照。

Prof. Dr. Dr. h.c. Peter Gottwald

Schriftenverzeichnis

(Stand : 05.05.2011)

I. Selbständige Schriften, größere Beiträge

1. Die Revisionsinstanz als Tatsacheninstanz, Schriften zum Prozessrecht, Bd. 38, Berlin 1975.

2. Schadenszurechnung und Schadensschätzung, München 1979.

3. Kommentierung der §§ 328-335 BGB, in : Münchener Kommentar zum BGB, Band 2, München 1979, S. 896-955 ; mit Ergänzungslieferung 1981 ; 2. neu bearbeitete Auflage 1985, S. 1003-1085 ; 3. neu bearbeitete und erweiterte Auflage 1994, S. 1271-1355.

4. BGB Sachenrecht (Prüfe dein Wissen Heft 4), 8. völlig neu bearbeitete Auflage, München 1980 ; 9. neu bearbeitete Auflage 1985 ; 10. neu bearbeitete Auflage 1991 ; 11. neu bearbeitete Auflage 1994 ; 12. neu bearbeitete Auflage 1998 ; 13. neu bearbeitete Auflage 2002 ; 14. neu bearbeitete Auflage 2005 ; 15. neu bearbeitete Auflage 2010, XXIII, 298 S.

5. Verfassung und Zivilprozess (gemeinsam mit Karl Heinz Schwab), Bielefeld 1984.

6. Zwangsvollstreckungs-und Insolvenzrecht, Freiwillige Gerichtsbarkeit (Gesamtdarstellung in Stichwortartikeln), in : Deutsches Rechtslexikon, 1. Auflage (Titel : Münchener Rechtslexikon), München 1987 ; 2. neu bearbeitete Auflage 1992 ; 3. neu bearbeitete Auflage 2001.

7. Insolvenzrechts-Handbuch (Herausgeber und Verfasser des Teilkapitels : Aussonderung-Absonderung-Aufrechnung), München 1990.

8. Kommentierung der §§ 322-328, 722-723 ZPO sowie des Schlussanhangs zum Internationalen Zivilprozessrecht (EuGVÜ, Luganer GVÜ, WA, HUVÜ 1973 und 1958, HZPÜ 1954 ; bilaterale Anerkennungsverträge ; UNÜ 1956, EuÜ 1961 ; RADG 1990), in : Münchener Kommentar zur ZPO, München 1992, Bd. I, S. 1997-2148, Bd. II, S. 1545-1560 ; Bd. III, S. 1569-2015. 2. Auflage 2000/01, Bd. 1, S. 2092-2261 ; Bd. 2, S. 1633-1649 ; Bd. 3 (neu mit EheGVO und EuRAG), S. 1971-2541 ; Aktualisie-

rungsband: Kommentierung der neuen EuGVO und des neuen AVAG, 2002, S. 838-912.

9. Zivilprozessrecht (begründet von Leo Rosenberg, fortgeführt von Karl Heinz Schwab), 15. neu bearbeitete Auflage, München 1993.

10. Insolvenzrechts-Handbuch, Nachtrag zur Gesamtvollstreckungsordnung (Herausgeber und Verfasser des Abschnitts: Aussonderung-Absonderung-Aufrechnung), München 1993.

11. Neubearbeitung der Kommentierung der §§ 315-319 und §§ 336-345 BGB, in: Münchener Kommentar zum BGB, Bd. 2, (3. Auflage), München 1994, S. 1094-1128 und 1356-1387.

12. Haftung für Auskunft und Gutachten gegenüber Dritten: England, Deutschland, Schweiz, Schriftenreihe deutscher Jura-Studenten in Genf, Heft 7, 1994, 48 S.

13. Empfehlen sich im Interesse eines effektiven Rechtsschutzes Maßnahmen zur Vereinfachung, Vereinheitlichung und Beschränkung der Rechtsmittel und Rechtsbehelfe des Zivilverfahrensrechts?, Gutachten A für den 61. Deutschen Juristentag, München 1996, A1-A109.

14. Nagel/Gottwald, Internationales Zivilprozessrecht, neu bearbeitete 4. Auflage, Münster 1997, XXXII, 685 S.

15. Grenzüberschreitende Insolvenzen

   a) Schriften der Juristischen Studiengesellschaft Regensburg, Heft 17, München 1997, 49 S;

   b) in japanischer Sprache (übersetzt von M. Haga) in: Hogaku Kenkyu, Keio University Tokyo, 72 (1999), S. 55-97.

16. Internationale Schiedsgerichtsbarkeit-International Arbitration-Arbitrage International (Herausgeber und Verfasser des Generalberichts), Bielefeld 1997, 901 S.

17. Insolvenzrechts-Handbuch (Herausgeber und Verfasser der Einführung

sowie der Kapitel Aussonderung, Aufrechnung und des Internationalen Insolvenzrechts, S. 1-26, 535-670 und 1649-1749), 2. Auflage 2001.

18. Münchener Prozessformularhandbuch : Familienrecht (Herausgeber), München 2001 ; 2. erweiterte Auflage 2003, 3. Auflage 2010.

19. Neubearbeitung der Kommentierung der §§ 315-319 und §§ 328-345 BGB, in : Münchener Kommentar zum BGB, 4. Auflage, Bd. 2, 2001, S. 1258-1305 und 1461-1609 und Überarbeitung für Aktualisierungsband, Bd. 2a, 2002.

20. Gottwald, Schwab, Büttner, Family and Succession Law in Germany, The Hague London Boston, sowie München 2001 (Teil Succession Law, S. 117-165) ; 2. Bearbeitung 2006. Succession Law, in : International Encyclopaedia of laws, Family and Succession Law, Germany by Gottwald/Schwab/Nourney, Suppl. 32 (Sept. 2006), pp. 117-172.

21. Nagel/Gottwald, Internationales Zivilprozessrecht, 5. neu bearbeitete Auflage, Köln Münster 2002, L, 991 S.

22. Examens-Repetitorium BGB Allgemeiner Teil, UNIREP JURA, 1. Aufl. Heidelberg, 2002, 177 S ; 2. Aufl., Heidelberg 2008, 185 S.

23. Zivilprozessrecht (begründet von Leo Rosenberg, fortgeführt bis zur 14. Auflage von Karl Heinz Schwab), 16. neu bearbeitete Auflage,
    a) München 2004, XXX, 1392 S ;
    b) in chinesischer Übersetzung (von Daxue Li), Peking 2007.

24. Insolvenzrechts-Handbuch (Herausgeber, Bearbeiter der Einführung sowie der Kapitel Aussonderung/Absonderung/Aufrechnung und Internationales Insolvenzrecht), 3. (neu bearbeitete) Auflage, München 2006.

25. Neubearbeitung der Kommentierung der §§ 315-319 BGB und §§ 328-345 BGB, in : Münchener Kommentar zum BGB, 5. Auflage 2007, S. 1824-1868 u. 2028-2162.

26. Nagel/Gottwald, Internationales Zivilprozessrecht, 6. neu bearbeitete

Auflage, Köln 2007, LIII, 903 S.
27. Neubearbeitung der Kommentierung der §§ 322-328, 722-723 ZPO, in Münchener Kommentar zur ZPO, 3. Aufl., 2007, Bd. 2, S. 1163-1179. Bd. 1, 2008, S. 1933-2094 ; Kommentierung des Schlussanhang IZPR (EuGVO, EheGVO, AVAG, IntFamRVG, HUVÜ, AUG, CMR, MÜ, HZPÜ usf.) Bd. 3, 2008, S. 1347-1710 u. S. 1789-1815.
28. „Recht und Gesellschaft in Deutschland und Japan" (Herausgeber), Reihe „Japanisches Recht" Bd. 47, Heymanns Verlag 2009, 179 S.
29. Münchener Prozessformularbuch Familienrecht (Herausgeber), 3. neu bearb. Auflage 2009.
30. Rosenberg/Schwab/Gottwald, Zivilprozessrecht, 17. Auflage 2010, XXIV, 1156 S.
31. Insolvenzrechts-Handbuch (Herausgeber, Bearbeiter von § 1), 4. Auflage 2010, LXIX, 2508 S.
32. Litigation in England and Germany–Legal Professional Services, Key Features and Funding (Herausgeber), 2010.
33. Neubearbeitung der Kommentierung der §§ 328-345 BGB, in Münchener Kommentar zum BGB, 6. Aufl. 2012, S. 2192-2339.
34. Succession Law, in Schwab/ Gottwald/ Lettmaier, Family and Succession Law in Germany, Second Edition, Alphen aan den Rijn, 2012.
35. Münchener Kommentar zur Zivilprozessordnung,
   Bd. 1, Kommentierung der §§ 322-328 ZPO, 4. Aufl. 2012, S. 2061-2214 ;
   Bd. 2, Kommentierung der §§ 722-723 ZPO, 4. Aufl. 2012, S. 1062-1079.
36. Münchener Prozessformularbuch Familienrecht, 4. Aufl. 2013.

Nach oben

II. Aufsätze

1. Armenrecht in Westeuropa und die Reform des deutschen Rechts, ZZP

89 (1976), S. 136-178.
2. Rechtsmittelzulässigkeit und Erledigung der Hauptsache, NJW 1976, S. 2250-2252.
3. Class action auf Leistung von Schadensersatz nach amerikanischem Vorbild im deutschen Zivilprozess, ZZP 91 (1978), S. 1-38.
4. Der gefundene Autobus, JuS 1979, S. 247-250.
5. Probleme einer Humanisierung des Zivilprozesses, JuS 1979, S. 532-534.
6. Zur Wahrung von Geschäftsgeheimnissen im Zivilprozess, Betriebs-Berater 1979, S. 1780-1787.
7. Argumentation im Zivilprozessrecht, ZZP 93 (1980), S. 1-23.
8. Vertragsgerechtigkeit beim Kauf vom Bauträger, Juristische Arbeitsblätter 1980, S. 65-71.
9. Grundprobleme der Beweislastverteilung
    a) Jura 1980, S. 225-236 ;
    b) in japanischer Sprache (übersetzt von H. Matsumoto), in : (japan.) Zeitschrift für Zivil-und Handelsrecht 1980, S. 99-118.
10. Sonderregeln der Beweislastverteilung, Jura 1980, S. 303-313.
11. Aspekte der Unternehmensinsolvenz im englischen Recht, KTS 1981, S. 17-45.
12. Der praktische Fall : Ein Wegeunfall unter Arbeitskollegen (mit Kurt Bechtold), JuS 1981, S. 361-365.
13. Legal Aspects of Human Reproduction, in : Semm/Mettler, Human Reproduction, Excerpta Medica, Amsterdam 1981, S. 293-302.
14. Auf dem Weg zur Neuordnung des internationalen Verfahrensrechts, ZZP 95 (1982), S. 3-17.
15. Grundprobleme der Streitgenossenschaft im Zivilprozess, Juristische Arbeitsblätter 1982, S. 64-71.
16. Die Bewältigung privater Konflikte im gerichtlichen Verfahren

a) ZZP 95 (1982), S. 245-264 ;

b) in japanischer Sprache, in : Arens/Kojima, Schriften des Instituts für Rechtsvergleichung der Chuo Universität Tokyo, 1988, S. 29-59.

17. Die Haftung für culpa in contrahendo, JuS 1982, S. 877-885.
18. Streitiger Vertragsschluss und Gerichtsstand des Erfüllungsortes, IPRax 1983, S. 13-16.
19. Neue höchstrichterliche Rechtsprechung zum Zivilprozessrecht, Juristenzeitung 1983, S. 523-531.
20. Verfassung und Zivilprozess, Generalbericht für den 7. Internationalen Kongress für Zivilprozessrecht (gemeinsam mit Karl Heinz Schwab),

a) in : Habscheid (Hrsg.), Effektiver Rechtsschutz und verfassungsmäßige Ordnung, Bielefeld 1983, S. 1-89 ;

b) in japanischer Sprache (übersetzt von A. Ishikawa u. M. Deguchi), in : Hanrei Times (Tokyo), 1986 Nr. 15, S. 205-244 ;

c) in : Verfassungsrecht und Zivilverfahrensrecht (Keio Rechtswissenschaftliche Forschungen Bd. 46), Tokyo 1988, S. 1-134 (Neuabdruck der Übersetzung zu b) ;

d) in chinesischer Sprache, in : Jahrbuch für vergleichendes Zivilprozessrecht (Peking), 2000, S. 48-105 ;

e) in : M. Stürner (ed.), Collection of Classical Articles on German Civil Procedure, Peking 2005, S. 125-201.

21. Simplified civil procedure in West Germany, The American Journal of Comparative Law 31 (1983), pp. 687-701.
22. Das internationale Verfahrensrecht im Entwurf eines IPR-Gesetzes, IPRax 1984, S. 57-61.
23. Rechtliche Möglichkeiten der Unternehmenssanierung im Insolvenzfall, KTS 1984, S. 1-26.
24. Direktkondiktion des unvorsichtigen Notars, JuS 1984, S. 841-846.

25. Grenzen internationaler Gerichtsstandsvereinbarungen,
    a) Festschrift für Karl Firsching, 1985, S. 89-110 ;
    b) in japanischer Sprache (übersetzt von S. Watanabe), in : Hogaku Kenkyu, Keio University Tokyo, 1989, S. 70-89.
26. Richterliche Entscheidung und rationale Argumentation,
    a) ZZP 98 (1985), S. 113-130 ;
    b) in griechischer Sprache (übersetzt von A. Sofialidis), in : Armenopoulos (Thessaloniki), 1985, S. 361-371 ;
    c) in japanischer Sprache (übersetzt von I. Mori), in : Hanrei taimuzu (Tokyo) No. 600 vom 24.7.1986, S. 23-31 ;
    d) in chinesischer Sprache, in : M. Stürner, Collection of Classical Articles on German Civil Procedure, Peking 2005, S. 473-488.
27. Recht auf Kenntnis der biologischen Abstammung?, in : Festschrift für Heinrich Hubmann, 1985, S. 111-125.
28. Legal Aspects of new methods of human conception, International Medicine (London) 5 (1985), pp. 20-24.
29. Möglichkeiten formeller Rechtsmittelbeschränkung, in : Gilles/Röhl/Schuster/Strempel, Rechtsmittel im Zivilprozess, (Rechtstatsachenforschung hrsg. vom Bundesministerium der Justiz), Köln 1985, S. 295-309.
30. „Unnütze" Baupläne, JuS-Lernbogen, JuS 1986, L 4-6.
31. Die Prozessaufrechnung im europäischen Zivilprozess, IPRax 1986, S. 10-13.
32. Der praktische Fall : Unvereinbare Prozesse nach Sicherungszession, JuS 1986, S. 715-719.
33. Kausalität und Zurechnung, Probleme und Entwicklungstendenzen des Haftungsrechts, (Karlsruher Forum 1986), Beiheft zum Versicherungsrecht, 1988, S. 3-32.
34. Die sachliche Kontrolle internationaler Schiedssprüche durch staatliche

Gerichte, in : Festschrift für Heinrich Nagel, 1987, S. 54-70.
35. „Besitz" und „Sache", in : Ergänzbares Lexikon des Rechts, Sachenrecht (hrsg. von Gerhardt), 1987, je 7 S., 2. Auflage 1994 ; gebundene Ausgabe 1995, S. 2-8 ; 207-214 ; Neuabdruck in : Bunte/Stöber, Lexikon des Rechts der Wirtschaft, 1996 ; neu bearb. in Lexikon des Rechts, Lfg. 135, 2008, Nr. 15/10, S. 1-8 u. Nr, 15/210, S. 1-8.
36. Zur Bewältigung der Überlastung der Rechtsmittelgerichte, in : Gilles, Effiziente Rechtsverfolgung, Deutsche Landesberichte zur VIII. Weltkonferenz für Prozessrecht in Utrecht, Heidelberg 1987, S. 141-159.
37. Die einseitig bindende Prorogation nach Art. 17 Abs. 3 EuGVÜ, IPRax 1987, S. 81-83.
38. Die Stellung des Ausländers im Prozess (Referat auf der Internationalen Tagung für Prozessrecht in Nauplia/Griechenland, Oktober 1987),
    a) (deutsch und griechisch) in : Habscheid/Beys, Grundfragen des Zivilprozessrechts–die internationale Dimension–, Bielefeld/Athen 1991, S. 3-99 ;
    b) in japanischer Sprache (übersetzt von K. Matsumoto), in : Okinawa Hogaku 1989, S. 61-95 und 1990, S. 59-87.
39. Die ökonomische Analyse zur Kritik und Reform des Zivilprozessrechts,
    a) Festschrift für Hans Fasching, Wien 1988, S. 181-194 ;
    b) in türkischer Sprache (übersetzt von S. Taşpinar), Ankara Universitesi Hukuk Fakültesi Dergisi 51 (2002), S. 1-17.
40. Zur Revisibilität ausländischen Rechts, IPRax 1988, S. 210-212.
41. Aktive Richter–Managerial Judges. Zur Richtermacht im amerikanischen und deutschen Zivilprozess,
    a) in : Recht in Ost und West, Festschrift zum 30jährigen Jubiläum des Instituts für Rechtsvergleichung der Waseda Universität, Tokyo 1988, S. 705-718 ;

b) in japanischer Sprache, in : Comparative Law Review (Waseda University Tokyo), 1988, S. 144-160.

42. Grenzen zivilgerichtlicher Maßnahmen mit Auslandswirkung,

a) Festschrift für Walther Habscheid, 1989, S. 119-130 ;

b) in griechischer Sprache (übersetzt von D. Tsikrikas), DIKE 1990, 97-113 ;

c) in japanischer Sprache (übersetzt von T. Mikami und M. Fuji), in : Hogaku Kenkyu Keio University, Tokyo 1990, S. 87-103 ;

d) in englischer Sprache : Limits to extraterritorial effects of judicial acts, Civil Justice Quarterly 1990, S. 61-74.

43. Freier „Zugang zum Recht" für Ausländer, IPRax 1989, S. 249-250.

44. Das Insichgeschäft und seine Grenzen (mit Bettina Schultz), JuS-Lernbogen 1989, S. 89-91.

45. Die Interessengemeinschaft der Gläubiger eines insolventen Schuldners, Festschrift für Hans Giger, Zürich 1989, S. 195-211.

46. Der soziale Zivilprozess in der Marktwirtschaft,

a) Festschrift zum 150 jährigen Jubiläum des Areios Pagos, Bd. I, 2007, S. 87-100.

b) in japanischer Sprache (übersetzt von T. Kasahara), in : Hogaku Kenkyu, Keio University, Tokyo, 1994, S. 71-85.

47. Abänderungsklage, Unterhaltsanspruch und materielle Rechtskraft, Festschrift für Karl Heinz Schwab, 1990, S. 151-164.

48. Globalzession und Factoring-Vertrag (Assessorklausur Zivilrecht), Jura 1989, S. 489-497.

49. Europäische Gerichtspflichtigkeit kraft Sachzusammenhangs, IPRax 1989, S. 272-274.

50. Die Rechtsstellung von Amtswaltern zwischen Territorialitäts-und Universalitätsprinzip,

a) Keio Law Review (Commemorative Issue), 1990 No. 6, S. 157-169 ;

b) in : Gerechtigkeit im Internationalen Privatrecht im Wandel der Zeit (Akadem. Gedächtnisfeier für Karl Firsching), Bielefeld 1992, S. 9-29.

51. Grundfragen der Anerkennung und Vollstreckung ausländischer Entscheidungen in Zivilsachen, ZZP 103 (1990), S. 257-293.

52. Das Zivilverfahrensrecht im Einigungsvertrag,

a) FamRZ 1990, S. 1177-1183 ;

b) in : D. Schwab, Familienrecht und deutsche Einigung, Bielefeld 1991, S. 122-127 (leicht ergänzt).

53. Die Rechtsstellung dinglich gesicherter Gläubiger, in : Leipold (Hrsg.), Insolvenzrecht im Umbruch, 1990, S. 197-209.

54. Die Haltung deutscher Gerichte und Anwälte gegenüber „komplexen" Verfahren, in : Gilles, Anwaltsberuf und Richterberuf in der heutigen Gesellschaft, Deutsche Landesberichte zur IX. Weltkonferenz für Prozessrecht, Baden-Baden 1991, S. 225-268.

55. Die Freizügigkeit von Entscheidungen in Zivil-und Handelssachen in Westeuropa,

a) in : B. u. F. Öztan, Stand und Perspektiven des Europäischen Gemeinschaftsrechts, Ankara 1991, S. 171-188 ;

b) ebenda auch in türkischer Sprache (übersetzt von E. Yilmaz), S. 189-216 ;

c) in : Jayme, Ein internationales Zivilverfahrensrecht für Gesamteuropa, Heidelberg 1992, S. 155-171.

56. Auslandskonkurs und Registereintragung im Inland, IPRax 1991, S. 168-172.

57. Internationale Zwangsvollstreckung,

a) IPRax 1991, S. 285-292 ;

b) in griechischer Sprache (übersetzt von A. Kaissis), Armenopoulos 1990, S. 17-28.

58. Die Schadenszurechnung nach dem Umwelthaftungsgesetz, Festschrift für Hermann Lange, 1992, S. 447-467.

59. Die Justiz in den neuen Bundesländern nach dem Einigungsvertrag, in : Privaatrechtelijke aspecten van de Duitse hereniging, Veröffentlichung des Molengraaff instituut voor privaatrecht, Utrecht, April 1991, S. 2-14.

60. Bindungswirkungen gerichtlicher Entscheidungen in der Kraftfahrzeug-Haftpflichtversicherung, Festschrift für Georg Mitsopoulos, Bd. I, Athen, 1993, S. 487-502.

61. Probleme der Abänderungsklage in Unterhaltssachen, FamRZ 1992, S. 1374.

62. Zur zivilrechtlichen Haftung für Umweltschäden nach deutschem Recht,

a) in : Business & Economic Review (Dongguk University Seoul) 16 (1992), S. 39-70 ;

b) in : Kangwon Law Review 5 (1993), S. 189-207 ;

c) in koreanischer Sprache (übersetzt von J.-O. Chang), Kangwon Law Review 5 (1993), S. 208-223.

63. Fact-finding in Civil Proceedings-a German Perspective, in : Carey Miller & Beaumont (ed.), The Option of Litigating in Europe, London (UK Comparative Law Series Vol. 14), 1993, pp. 67-85.

64. Recognition and Enforcement of Foreign Judgments under the Brussels Convention, in : Carey Miller & Beaumont (ed.), The Option of Litigating in Europe, London, 1993, pp. 31-41.

65. Comparative Analysis of the Reform of Civil Procedure, German Report, in : The International Symposion on Civil Justice in the Era of Globalization, Collected Reports, Tokyo 1992, 1993, S. 147-163.

66. Beschleunigung und Konzentration des Zivilprozesses in der Bundesre-

publik Deutschland,

a) Nihon University Comparative Law, Vol. 10, 1993, S. 1-22 ;

b) in japanischer Sprache (übersetzt von K. Matsumoto), in : Nihon Hogaku 50 Nr. 3, 1994.

67. Die Juristenausbildung in Deutschland, in : Kansai University, Economic & Political Studies Series No. 85, Germany and Japan, Problem Studies Vol. 1, 1994, S. 125-138.

68. The Probative Value of Testimony in Private Law,

a) in Jayme (ed.) ; German National Reports in Civil Law Matters for the XIVth Congress of Comparative Law, Heidelberg, 1994, S. 135-151 ;

b) in H. Safai (ed.), La Valeur du Témoignage en Droit Civil, London, 1995, S. 105-122.

69. Die Haftung für Auskunft und Gutachten gegenüber Dritten, in Commemoration of Professor Bong-Hee Hahn, Seoul, 1994, S. 1283-1304.

70. Anerkennungszuständigkeit und doppelrelevante Tatsachen, IPRax 1995, S. 75-76.

71. Internationale Gerichtsstandsvereinbarungen–Verträge zwischen Prozessrecht und materiellem Recht, Festschrift für Henckel, 1995, S. 295-309.

72. Gewillkürte Prozessstandschaft für den ausländischen Konkursverwalter, IPRax 1995, S. 157-158.

73. Zur Prozessführung des Versicherers bei gestellten Verkehrsunfällen (mit Jens Adolphsen), Neue Zeitschrift für Verkehrsrecht 1995, S. 129-132.

74. Höchstrichterliche Rechtsprechung zum Zivilprozessrecht (mit Barbara Honold), JZ 1995, S. 657-666.

75. Einführung zur Textausgabe Zivilprozessrecht, Beck-Texte im dtv, 24.

Auflage 1995, S. VII–XIX ; jeweils ergänzt für 25. Auflage 1996, 26. Auflage 1997, 27. Auflage 1997, 28. Auflage 1998, 29. Auflage 1998, 30. Auflage 1999 (S. VII–XX) ; 31. Auflage 2000 (S. IX–XXIII) ; 32. Auflage 2000 ; 33. Auflage 2001 (S. IX–XXIV) ; 34. Auflage 2002 (S. IX–XXIV) ; 35. Auflage 2002 (S. IX–XXV) ; 36. Auflage 2003 (S. IX–XXV) ; 37. Auflage 2004 (S. IX–XXVI) ; 38. Auflage 2005 ; 39. Auflage 2005 ; 40. Auflage 2005 ; 41. Auflage 2006 ; 42. u. 43. Auflage 2007 ; 44. Auflage 2008 ; 45. Auflage 2009 ; 46. Auflage 2010 ; 49. Auflage 2012 (S. IX–XX–VIII).

76. Zur Intestaterbfolge nach griechischen Muslimen (mit Demetrios Demetriou), IPRax 1995, S. 193.

77. Verfahren mit geringem Streitwert vor deutschen Zivilgerichten (mit Harald Müller), Europ. Zeitschrift für Privatrecht 3 (1995), S. 591–603.

78. Die prozessuale Aufklärungspflicht im Rechtsvergleich, in (Linzer) Beiträge zum Zivilprozessrecht, Bd. V, 1995, S. 19–43.

79. Deutsche Probleme internationaler Familienverfahren, Festschrift für Hideo Nakamura, Tokyo 1996, S. 195–209.

80. Empfehlen sich im Interesse eines effektiven Rechtsschutzes Maßnahmen ... (Kurzfassung des Gutachtens zum 61. DJT), NJW, Beil. zu H. 23/1996, S. 9–13.

81. Internationale Schiedsgerichtsbarkeit (Generalbericht für den X. Weltkongress für Prozessrecht) in I. Andolina, Transnational Aspects of Procedural Law, Vol. I, Milano 1998, S. 43–179.

82. International Arbitration, Current positions and comparative trends, Rivista dell'Arbitrato 1996, S. 211–237.

83. Ausländische Wertpapierdepots im deutschen Nachlass (mit Burkhard Stangl), ZEV 1997, S. 217–222.

84. Die alternative Klagehäufung (mit Jens Adolphsen),
    a) in japanischer Übersetzung von M. Haga, in : Hogaku Kenkyu. Keio

University. Tokyo 70 (1997), S. 67-80 ;

 b) in : (Linzer) Beiträge zum Zivilprozessrecht Bd. VI, 2002, S. 21-33.

85. Civil Procedure Reform in Germany,

 a) American Journal of Comparative Law 45 (1997), S. 753-766 ;

 b) in chinesischer Sprache, in : Jahrbuch für vergleichendes Zivilprozessrecht, Peking, 2000, S. 278-292.

86. Principles and current problems of uniform procedural law in Europe under the Brussels Convention, Saint Louis-Warsaw Transatlantic Law Journal 1997, S. 139-165.

87. Aspekte der Anerkennung ausländischer Insolvenzverfahren im Inland (mit Markus Pfaller), IPRax 1998, S. 170-175.

88. Das neue deutsche Schiedsverfahrensrecht (mit Jens Adolphsen), in Deutsches Steuerrecht 1998, S. 1017-1025.

89. Die österreichische Zivilprozessordnung aus deutscher Sicht, in P. Mayr (Hrsg.), 100 Jahre österreichische Zivilprozessgesetze, Wien 1998, S. 179-195.

90. Zur Derogation der deutschen internationalen Zuständigkeit (mit Thomas Baumann), IPRax 1998, S. 445-447.

91. Le insolvenze trans-frontaliere : tendenze e soluzioni europee e mondiali, Riv.trim.dir.proc.civ. 53 (1999), S. 149-170.

92. Civil Justice Reform in Germany-Access, Cost and Expedition, in : Zuckerman, Justice in Crisis : Comparative Perspectives of Civil Procedure, Oxford, 1999, S. 207-234.

93. Moderne Techniken im gerichtlichen Verfahren, in Das Recht vor den Herausforderungen der modernen Technik (hrsg. von der Koreanisch-Deutschen Gesellschaft für Rechtswissenschaft), Seoul 1999, S. 260-280.

94. Zugangsschranken zur Rechtsmittelinstanz, BRAK-Mitt. 1999, S. 55-61.

95. Sicherheit vor Effizienz?-Auslandszustellung in der Europäischen Union

in Zivil-und Handelssachen, Festschrift für Schütze, 1999, S. 225-235.

96. Elektronischer Rechtsverkehr und Zivilprozess
    a) Nihon University Comparative Law 16 (1999), S. 117-131 ;
    b) in japanischer Sprache (übersetzt von K. Matsumoto) in : Nihon Hogaku 66 (2001), S. 347-367.

97. Die Bindungswirkung der Entscheidungen von Kfz-Schiedsstellen (mit Klaus Reichenberger und Petra Wagner), Neue Zeitschrift für Verkehrsrecht 13 (2000), S. 6-9.

98. Zum Recht der Vertragsstrafe-ein kritischer Blick über den Zaun, Festschrift für Söllner, 2000, S. 379-389.

99. Anstrengungen zur Reform der Ziviljustiz in Deutschland, Ritsumeikan Law Review Nr. 17 (International Edition), 2000, S. 19-34.

100. Das deutsche internationale Insolvenzrecht in der Zeit vor der europäischen Neuordnung
    a) Chungnam National University Law Review 10 (1999), S. 161-179 ;
    b) in koreanischer Sprache (übersetzt von Yong-Jin Kim), in : Chungnam Law Review 10 (1999), S. 181-192 ;
    c) Civil Procedure III, hrsg. von der Korean Association of the Law of Civil Procedure, 1999, S. 414-434 ;
    d) in koreanischer Sprache (übersetzt von Yong-Jin Kim), in : Civil Procedure III, S. 435-449 ;
    e) in : Ritsumeikan Law Review Nr. 17 (International Edition), 2000, S. 35-48.

101. Auf dem Weg zur weiteren Vereinfachung der Anerkennung und Vollstreckung von Entscheidungen in Europa
    a) Ritsumeikan Law Review Nr. 17 (International Edition), 2000, S. 49-60 ;
    b) in japanischer Sprache (übersetzt von Hajime Sakai), in : Konan

Hogaku–Konan Law Review 41 (2000), S. 24–37.

102. Gerechtigkeit und Effizienz internationaler Gerichtsstände–Gedanken zur Reform des Brüsseler Übereinkommens

   a) Ritsumeikan Law Review Nr. 17 (International Edition), 2000, S. 61–78 ;

   b) in japanischer Sprache (übersetzt von S. Nakano), in : Konan Hogaku–Konan Law Review 41 (2000), S. 1–23.

103. Aktuelle Entwicklungen der Zivilprozessreform, in : Rechberger/Klicka, Procedural Law on the Treshold of a New Millenium, Round Table, XI. World Congress on Procedural Law, Wien 2002, S. 47–49.

104. Das flexible Beweismaß im englischen und deutschen Zivilprozessrecht, Festschrift für Henrich, 2000, S. 165–176.

105. Streitgegenstand und Sinnzusammenhänge

   a) Symposium für Schwab, 2000, S. 85–100 ;

   b) in griechischer Sprache (übersetzt von H. Theodorou), in : Dike 2000, S. 419–433.

106. Internationales Insolvenzrecht, Festgabe aus der Wissenschaft zum 50jährigen Bestehen des BGH, Bd. 3, 2000, S. 819–836.

107. Vom Amtsgericht zum „Gerichtsamt", FamRZ 2000, 1477–1478 und Rechtspflegerblatt 2001, S. 4–5.

108. Efforts to Reform the Scheme of Studying Law in Germany, Dokkyo International Review 13 (2000), S. 73–90.

109. Der Schiedsvergleich und der Schiedsspruch mit vereinbartem Wortlaut, Symposium für Schlosser, 2001, S. 31–43.

110. Referat für den 63. Deutschen Juristentag, Aktuelles Forum Justizreform, Verhandlungen des 63. DJT, Bd. II/1, 2001, P. 27–32.

111. Der Zivilprozess im 21. Jahrhundert, Überlegungen im Gedenken an József Farkas, in : M. Kengyel (Hrsg.), Polgári Eljárásjog a XXI. SZÁZAD-

BAN, Pecs, 2002, S. 35-45.

112. Mediation und gerichtlicher Vergleich : Unterschiede und Gemeinsamkeiten, Festschrift für Akira Ishikawa, 2001, S. 137-155.

113. Schließt sich die „Abseitsfalle"?, Rechtliches Gehör, Treu und Glauben im Prozess und Urteilsanerkennung, Festschrift für Schumann, 2001, S. 149-158.

114. Jurisdiction based on „business activities" in the Hague Draft Convention on Jurisdiction and Foreign Judgments in Civil and Commercial Matters,
   a) European Journal of Law Reform 4 (2002), S. 199-217 ;
   b) Civil Procedure (VII-I), (Korean Association of the Law of Civil Procedure), 2003, S. 274-302 ;
   c) Deutsche Fassung : Internationale Zuständigkeit kraft „business activities" im geplanten Haager Übereinkommen über Zuständigkeit und ausländische Urteile in Zivil-und Handelssachen, Festschrift für Geimer, 2002, S. 231-253 ;
   d) in koreanischer Sprache (übersetzt von Hanki Sohn), in : Civil Procedure VII-I, 2003, S. 303-329 ;
   e) in chinesischer Sprache, in : Jahrbuch für vergleichendes Zivilprozessrecht, Peking, 2003, S. 91-115.

115. Der Insolvenzantrag als Angriffsmittel des Schuldners (Editorial), NZI 2002, S. V.

116. Der elektronische Rechtsverkehr vor den deutschen Zivilgerichten,
   a) Dike International, 2002, S. 1255-1266 ;
   b) in griechischer Sprache (übersetzt von H. Theodorou), in : Dike International, 2002, S. 1243-1255.

117. Medical Malpractice Litigation, Festschrift für Kargados, Athen 2004, S. 947-972.

118. Systemfehler des neuen deutschen Rechtsmittelrechts, Festschrift für

Beys, Athen 2003, S. 447-457.

119. Deutsches internationales Insolvenzrecht und seine Bedeutung im deutsch-türkischen Rechtsverkehr, Festschrift für Kalpsüz, Ankara 2003, S. 935-946.

120. Verfassungsrechtliche Fragen des neuen deutschen Rechtsmittelrechts, Festschrift für Németh, Budapest 2003, S. 287-297.

121. Präjudizialwirkung der Rechtskraft zugunsten Dritter?, Festschrift für Musielak, 2004, S. 183-194.

122. The Culture and Science of Gathering Information and Proof-Taking,
    a) in : Gilles/Pfeiffer, Prozessrecht und Rechtskulturen, 2004, S. 53-68 ;
    b) in russischer Sprache, in : Russ. Jahrbuch für Zivilprozess und Arbitrageprozess, 3 (2004), S. 197-212.

123. Deutsches internationales Insolvenzrecht und seine Bedeutung im deutsch-koreanischen Rechtsverkehr (in koreanischer Sprache, übersetzt von Y.-J. Kim), in : Civil Procedure VII-II (Seoul), 2003, S. 569-597.

124. Defeating delay in German Civil Procedure, in : van Rhee, The Law's Delay, Essays on Undue Delay in Civil Litigation, Antwerpen 2004, S. 121-129.

125. Das Wetterleuchten des forum non conveniens, Festschrift für Jayme, Bd. I, 2004, S. 277-284.

126. Die Reform der ZPO-eine Wirkungskontrolle aus der Sicht der Wissenschaft, Gutachten für den 65. Deutschen Juristentag, 2004, Verhandlungen Bd. I, A 107-129. Kurzfassung in NJW 2004, Beilage zu Heft 27, S. 9-10.

127. a) Das deutsche Zivilprozessrecht nach der Reform des Jahres 2001, Nihon University Comparative Law 21 (2004), S. 89-100 ;
    b) Ergänzte englische Fassung : German Civil Procedure after the Re-

form Act of 2001, Civil Justice Quarterly 23 (2004), S. 338-353 ;

c) In russischer Sprache in : Russ. Jahrbuch für Zivilprozess und Arbitrageprozess, 4 (2005), S. 365-384 ;

d) In türkischer Sprache (übersetzt von M. Atali), in : Legal. Medenî usûl ve icra iflâs Hukuku Dergisi 2006 (3), S. 687-704.

128. Von den Schwierigkeiten der Rechtsverfolgung einer „armen" Prozesspartei, Festschrift für Walter Gerhardt, 2004, S. 307-318.

129. Zum Stand der Prozessrechtsvergleichung, Festschrift für Peter Schlosser, 2005, S. 227-245.

130. Die Reform der ZPO aus der Sicht der Wissenschaft, Bericht vor dem 65. DJT, Verhandlungen des DJT Bd. II/1, 2005, M 9-19.

131. Comparative Civil Procedure

a) Ritsumeikan Law Review (Intern. ed.) 2005, S. 23-35 ;

b) Juris Poiesis, Revista do Curso de Direito da Universidade Estácio de Sá, Rio de Janeiro, 2005, S. 349-361 ;

c) (in türk. Sprache, übersetzt v. S. Özmumcu), Saim Üstündaga Armagan, Ankara 2009, S. 279-294.

132. The European Law of Civil Procedure,

a) Ritsumeikan Law Review (Intern. ed.) 2005, S. 37-67 ;

b) Juris Poiesis, Revista do Curso de Direito da Universidade Estácio de Sá, Rio de Janeiro, 2006, S. 207-232 ;

c) Revista de Processo (São Paulo) 158 (2008), S. 65-92 ;

d) (in türk. Sprache, übersetzt v. S. Özmumcu), Hyseyin Hatemi'ya Armagan, Bd. 2, Istanbul 2009, S. 1291-1328.

133. Zum Stand des internationalen Zivilprozessrechts, Ritsumeikan Law Review (Intern. ed.) 2005, S. 69-79.

134. Sicherung des künftigen Versorgungsausgleichs?, Festschrift für Dieter Schwab, 2005, S. 675-685.

135. Prozesskostenhilfe für grenzüberschreitende Verfahren in Europa, Festschrift für Walter Rechberger, Wien, 2005, S. 173-186.
136. Bankinsolvenzen im Europäischen Wirtschaftsraum, Festschrift für Apostolos Georgiades, Athen, 2005, S. 295-310.
137. Der unerkannte Baumangel in der Insolvenz, NZI 2005, S. 588-591.
138. Probleme der Vereinheitlichung des Internationalen Familienverfahrensrechts ohne gleichzeitige Kollisionsrechtsvereinheitlichung, Symposium für Ulrich Spellenberg, 2005, S. 55-75.
139. Wege zur einheitlichen, effektiven Entscheidung von Mehrparteienstreitigkeiten (in griechischer Sprache, übersetzt von A. Tamamidis), Armenopoulos 2006, S. 10-22.
140. Access to Justice, Costs and Legal Aid, Deutscher Landesbericht zum 17. Weltkongress für Rechtsvergleichung in Utrecht, Juli 2006, abrufbar unter www.law.uu.nl/aidc-utrecht-2006.
141. Auswirkungen des elektronischen Rechtsverkehrs auf Parteivortrag und richterliche Sachbearbeitung im Zivilprozess, in : Festgabe für Max Vollkommer, 2006, S. 259-268.
142. Prozessuale Zweifelsfragen der geplanten EU-Verordnung in Unterhaltssachen, Liber amicorum Walter Lindacher, 2007, S. 13-27.
143. Dogmatik und Wirklichkeit im Zivilprozessrecht, in : Studia in Honorem Pelayia Yessiou-Faltsi, Thessaloniki 2007, S. 297-307.
144. Zur Lage der Rechtsanwaltschaft in Deutschland
    a) Ritsumeikan Law Review (Intern. Ed.) 2007, S. 69-75 ;
    b) (in jap. Sprache ; übersetzt von S. Iriinafuki) Ritsumeikan Review, 2007, S. 156.
145. New Trends in Insolvency Law,
    a) in A. Pellegrini Grinover/P. Calmon, Direito Processual Comparado, XII World Congress of Procedural Law, Rio de Janeiro, 2007, S. 293-

302 ;

    b) in P. Gilles/Th. Pfeiffer, Neue Tendenzen im Prozessrecht, Baden-Baden, 2008, S. 217-227.

146. Zum Ausbau des kollektiven Rechtsschutzes in Deutschland

    a) in Acta Universitatis Carolinae-Juridica 4, 2005, S. 33-44 ;

    b) Festschrift für Takeshita Kojima, Bd. 2, Tokyo, 2008, S. 1181-1204 ;

    c) in tschechischer Sprache (übersetzt v. P. Chmelicek), Acta Universitatis Carolinae-Juridica 4, 2005, S. 21-32 ;

    d) in japanischer Sprache (übersetzt v. I. Mori), in Revue de Droit Comparé, Institut Japonais de Droit Compare, Vol. XLII No. 1 (2008), S. 71-92 ;

    e) in türkischer Sprache (übersetzt von M. Atali), in : Festschrift für Firat Öztan, Ankara, 2010, S. 1041-1059.

147. On the extension of collective legal protection in Germany

    a) Civil Justice Quarterly 26 (2007), p. 484-496 ;

    b) Revista de Processo (Sao Paulo) 154 (2007), 81. 93.

148. Der verlängerte Eigentumsvorbehalt in der Käuferinsolvenz, Festschrift für Gero Fischer, 2008, S. 183-192.

149. Review appeal to the German Federal Supreme Court after the reform of 2001, in : M. Ortells Ramos, Los recursos ante Tribunales Supremos en Europa-Appeals to Supreme Courts in Europe, Madrid, 2008, S. 87-106.

150. Die Principles of Transnational Civil Procedure und das deutsche Zivilprozessrecht, Festschrift für Dieter Leipold, 2009, S. 33-45.

151. Cultural Dimensions of Harmonization : An Introduction,

    a) in Janet Walker, Oscar G.Chase, Common Law, Civil Law and the Future of Categories, Canada, 2010, S. 597-600 ;

    b) in The Supreme Court Law Review (Second Series) 49 (2010), 597-599.

152. Europäisches Insolvenzrecht–ein noch junges Rechtsgebiet, in : H. Roth, Europäisierung des Rechts, 2010, S. 53-75.
153. Das wissenschaftliche Werk Karl Heinz Schwabs,
    a) ZZP 123 (2010), S. 123-133 ;
    b) Erlanger Universitätsreden Nr.78/ 2012, 3. Folge, S. 13-25.
154. Einziehungsermächtigung, Lastschriftverfahren und Insolvenz, Festschrift für Michael Stathopoulos, Athen, 2010, S. 673-681.
155. Stand und Probleme des internationalen Insolvenzrechts,
    a) in Türkiye Barolar Birliği, Medenî Usûl ve İcra-İflâs Hukukçuları Toplantısı–VIII, Türk, Alman ve İsviçre Hukukunda İflâs, Konkordato ve Noterlik Alanındaki Gelişmeler, Abant 9-10 Ekim 2009, S. 301-337 ;
    b) in türkischer Sprache, ebda, S. 339-372.
156. Aktuelle Entwicklungen des Notariats in Deutschland,
    a) in Türkiye Barolar Birliği, Medenî Usûl ve İcra-İflâs Hukukçuları Toplantısı–VIII, Türk, Alman ve İsviçre Hukukunda İflâs, Konkordato ve Noterlik Alanındaki Gelişmeler, Abant 9-10 Ekim 2009, S. 389-408 ;
    b) in türkischer Sprache, ebda, S. 409-428.
157. The new German procedure in family matters, Revista de processo [São Paulo] 198 (2011), 165-189.
158. Internationale Vereinbarungen des Erfüllungsortes und des Gerichtsstandes nach Brüssel I und Den Haag, in Aurea Praxis Aurea Theoria, FS Ereciński, Warschau, 2011, S. 1067-1079.
159. Complex litigation nell' Ordinamento Tedesco (übersetzt von D. Torquato) in A. Dondi, Elementi per una definizione di complessitá processuale, Milano, 2011, S. 155-175.
160. Odůvodnění soudních rozhodnutí v Německu–z pohledu praxe a vědy/

Die Begründung von Gerichtsentscheidungen in Deutschland–aus Sicht der Praxis und der Wissenschaft, in Luboš Tichý, Pavel Holländer, Alexander Bruns, Odůvodnění Soudního Rozhodnutí / The Judicial Opinion / Begründung von Gerichtsentscheidungen, Praha 2011, S. 127-139.
161. Der Streitgegenstand–eine Einheit in Vielfalt, FS A. Kaissis, 2012, S. 303-313.
162. Zur Abänderung von Unterhaltstiteln–alte Probleme im neuen Gewande, FS M.-M. Hahne, Bielefeld, 2012, S. 247-258.
163. Die versteckte Perle oder „Much ado about nothing"?–Gedanken zum neuen Güterstand der Wahl-Zugewinngemeinschaft, Liber Amicorum Walter Pintens, 2012, S. 651-662.
164. Scheidungen im neuen „Raum der Freiheit, der Sicherheit und des Rechts", FS D.-A. Simotta, Wien 2012, S. 187-195.
165. Reformwellen im Zivilprozess des vereinten Deutschlands, in : Thomas Sutter-Somm, Viktória Harsági, Die Entwicklung des Zivilprozessrechts in Mitteleuropa um die Jahrtausendwende, Zürich 2012, S. 29-45.
166. Zum Erwerb des Bezugsberechtigten bei der Lebensversicherung auf den Todesfall, FS Bengel u. Reimann, 2012, S. 117-123.
167. Introduction, in Kengyel/Nemessányi, Electronic Technology and Civil Procedure, 2012, S. IX-XIV.
168. Die Anerkennung ausländischer Ehescheidungen, FS Helmut Rüßmann, 2013, S. 771-786.

Nach oben
III. Anmerkungen
1. Anmerkung zum Urteil des BGH vom 5.2.1974, ZZP 87 (1974), S. 462-467 („Rechtsmittel" nach § 839 BGB ; neues Vorbringen in der Revisionsinstanz).

2. Anmerkung zum Beschluss des OLG Köln vom 27.2.1974 (NJW 1974, 1515), NJW 1974, S. 2241 (Vorrang der Zulässigkeitsprüfung einer Beschwerde?).
3. Anmerkung zum Urteil des BGH vom 20.6.1977, ZZP 92 (1979), S. 364-369 (Anfechtung einer inkorrekten Entscheidung, Aufklärungspflicht der Parteien).
4. Anmerkung zum Beschluss des OLG Düsseldorf vom 12.10.1979, Das Standesamt 1980, S. 240-241 (Amtsermittlung bei Anfechtung der Versagung der Befreiung vom Ehefähigkeitszeugnis).
5. Anmerkung zum Beschluss des AG Hamburg vom 19.9.1978, Das Standesamt 1981, S. 84-85 (Anerkennung von Privatscheidungen im Inland).
6. Anmerkung zum Urteil des BGH vom 17.1.1985, JZ 1985, S. 575-576 (Drittschutz eines Flugreisenden; Regressanspruch und Einwand der Nichterfüllung).
7. Anmerkung zum Urteil des BGH vom 18.3.1987, FamRZ 1987, S. 582-583 (Anerkennung materieller Wirkungen ausländischer Rechtshängigkeit).
8. Anmerkung zum Urteil des BGH vom 4.2.1987, FamRZ 1987, S. 926 (Wiedereinsetzung und Recht auf faires Verfahren).
9. Anmerkung zum Urteil des BGH vom 15.3.1988, Neue Zeitschrift für Verkehrsrecht 1988, S. 135 (Prozessuale Grenzen der Schadensschätzung).
10. Anmerkung zum Beschluss des OLG Düsseldorf vom 16.12.1987, FamRZ 1988, S. 410-411 (Feststellungsinteresse bei § 1361b BGB).
11. Anmerkung zum Beschluss des KG vom 23.9.1987, FamRZ 1988, S. 436 (Erbfähigkeit des ausländischen Adoptivkindes).
12. Kurzkommentar zum Urteil des LAG München vom 22.7.1987, EWiR § 43 KO 2/88 (S. 1011-1012) (Konkursfestigkeit einer Direktversicherung).

13. Anmerkung zum Urteil des BGH vom 16.3.1988, JR 1989, S. 112-114 (Zur „Vorwirkung" der Abänderungsklage).
14. Anmerkung zum Beschluss des ArbG Regensburg vom 2.2.1989, FamRZ 1989, S. 1104 (Berücksichtigung von nichtehelicher Gefährtin und gemeinsamem Kind bei der Prozesskostenhilfe).
15. Anmerkung zum Beschluss des OLG München vom 24.8.1989, FamRZ 1990, S. 85 (Vorläufige Vollstreckbarkeit bei Auskunftsurteil).
16. Anmerkung zum Beschluss des OLG Hamm vom 31.5.1989, FamRZ 1990, S. 179 (Zuständigkeit für Vollstreckbarerklärung eines türkischen Unterhaltstitels).
17. Anmerkung zum Beschluss des KG vom 1.8.1990, FamRZ 1990, S. 1377-1378 (Vollstreckbarerklärung und Abänderung eines ausländischen Unterhaltstitels).
18. Anmerkung zum Beschluss des OLG Karlsruhe vom 17.1.1990, FamRZ 1991, S. 94 (Zeugnisverweigerungsrecht des Mehrverkehrszeugen).
19. Kurzkommentar zum Urteil des BGH vom 24.1.1991, EWiR § 6 KO 1/91 (S. 275) (Vertragsschluss des Konkursverwalters mit eigener Firma).
20. Anmerkung zum Beschluss des LG Düsseldorf vom 24.1.1991, FamRZ 1991, S. 581 (Nichtanerkennung eines englischen Unterhaltsurteils für ein Stiefkind).
21. Anmerkung zum Beschluss des OLG Karlsruhe vom 25.3.1991, FamRZ 1991, S. 840 (Anerkennung eines deutschen Schei-dungsurteils in Italien).
22. Anmerkung zum Beschluss des Bezirksgerichts Gera vom 6.5.1991, FamRZ 1991, S. 1072 („Nichtverweisungsbeschluss" und fehlerhafte Verweisung).
23. Anmerkung zum Urteil des OLG Oldenburg vom 26.2.1991, FamRZ 1991, S. 1076 (Einführung von Divergenzvorlagen beim OLG).

24. Anmerkung zum Beschluss des OVG Hamburg vom 17.6.1991, FamRZ 1992, S. 79 (PKH-Bewilligung nach Beendigung der Instanz).
25. Anmerkung zum Beschluss des AmtsG Hamburg-Altona vom 11.9.1991, FamRZ 1992, S. 86 (Zeitgrenze bei Abänderung eines ausländischen Unterhaltsurteils).
26. Anmerkung zum Beschluss des BayObLG vom 29.10.1991, FamRZ 1992, S. 355 (Umdeutung eines gemeinschaftlichen Testaments in ein Einzeltestament).
27. Anmerkung zum Beschluss des OLG Düsseldorf vom 15.11.1991, FamRZ 1992, S. 458 (PKH bei Mehrkosten durch isolierte Geltendmachung von Unterhaltsansprüchen).
28. Anmerkung zum Beschluss des BGH vom 8.10.1992 (mit *J. Semmelmayer*), JZ 1993, S. 415-417 (Zur Beschwerde wegen „greifbarer Gesetzwidrigkeit").
29. Anmerkung zum Urteil des BGH vom 7.7.1993, EWiR § 322 ZPO 2/93, S. 1035 (Rechtskraftpräklusion bei Abschlusssaldo).
30. Anmerkung zum Beschluss des BayObLG vom 9.11.1993, FamRZ 1994, S. 726 (Testamentsauslegung bei Nachlassspaltung).
31. Anmerkung zum Beschluss des OLG Zweibrücken vom 21.2.1994, FamRZ 1994, S. 908 (Richterablehnung wegen Sachaufklärung im PKH-Verfahren).
32. Anmerkung zum Beschluss des OLG Saarbrücken vom 21.6.1994, FamRZ 1994, S. 1539 (Sofortige Beschwerde gegen einstweilige Einstellung der Zwangsvollstreckung).
33. Anmerkung zum Urteil des BAG vom 8.4.1994, FamRZ 1995, S. 36 (Wiedereinsetzung bei Poststreik).
34. Anmerkung zum Urteil des OLG Köln vom 30.9.1994, FamRZ 1995, S. 943 (Anfechtung der fehlerhaften Übertragung an den Einzelrichter).

35. Anmerkung zum Urteil des BGH vom 16.10.1995 (mit *B. Honold*), JZ 1996, S. 577-580 (Rechtskraft und Widerruf nach dem HWiG).
36. Anmerkung zum Beschluss des OLG Karlsruhe vom 30.8.1995, FamRZ 1996, S. 873 (Prozesskostenvorschuss im Ehelichkeitsanfechtungsverfahren).
37. Anmerkung zum Urteil des AmtsG Mönchengladbach vom 10.11.1994, FamRZ 1996, S. 1087 (Abänderungsklage gegen in Irland lebenden Unterhaltsberechtigten).
38. Anmerkung zum Urteil des OLG Dresden vom 5.3.1996, FamRZ 1996, S. 1090 (Risiken des § 323 Abs. 3 ZPO).
39. Anmerkung zum Urteil des BGH vom 28.2.1996, JZ 1997, S. 92-94 (Internationale Zuständigkeit und anwendbares Recht bei Verlöbnisbruch).
40. Anmerkung zum Urteil des BGH vom 4.6.1996, LM 11/1996, Bl. 2033-2034 (Verhältnis Feststellungsklage–Leistungsklage).
41. Anmerkung zum Urteil des BGH vom 27.2.1997 (mit *B. Häusler*), JZ 1998, S. 152-154 (Aufrechnung in der Gesamtvollstreckung).
42. Anmerkung zum Urteil des BGH vom 5.12.1996 (mit *M. Malterer*), JZ 1998, S. 261-263 (Streitverkündung im selbständigen Beweisverfahren).
43. Anmerkung zum Urteil des BGH vom 10.9.1997 (mit *M. Pfaller*), LM 3/1998, Bl. 425 (Präklusionswirkung abgewiesener Räu-mungsklage).
44. Anmerkung zum Urteil des OLG Koblenz vom 24.9.1997, FamRZ 1998, S. 757 (Internationale Zuständigkeit für Ehescheidungsverfahren bei Strafhaft).
45. Anmerkung zum Urteil des BGH vom 24.3.1998 (mit *Th. Baumann*), JZ 1998, S. 1179-1182 (Prozesskostenhilfe für Konkursverwalter und Kostenaufbringung durch Steuerfiskus).
46. Anmerkung zum Urteil des BGH vom 14.12.1998 (mit *M. Pfaller*), JZ 1999, S. 850-852 (Bestimmtheit der Klage und auflösende Bedingung).

47. Anmerkung zum Beschluss des OLG Karlsruhe vom 23.4.1998, FamRZ 1999, S. 310/11 (Vollstreckbarerklärung polnischen Unterhaltsurteils).
48. Anmerkung zum Urteil des BGH vom 17.5.2000, FamRZ 2000, S. 1502 (Zur Präklusion nach § 323 II ZPO).
49. Anmerkung zum Beschluss des OLG Naumburg vom 21.3.2000, FamRZ 2001, S. 104 (Wiedereinsetzungsantrag des Nebenintervenienten).
50. Anmerkung zum Beschluss des OLG Karlsruhe vom 16.2.2000, FamRZ 2001, S. 108 (Hinweispflicht im Vereinfachten Verfahren).
51. Anmerkung zum Urteil des AmtsG Landshut vom 13.5.2000, FamRZ 2001, S. 766 (Wirksamkeit des Festsetzungsbeschlusses nach § 649 ZPO nach Volljährigkeit).
52. Anmerkung zum Beschluss des OLG Koblenz vom 15.4.1999, FamRZ 2001, S. 842 (Auslegung eines Prozessvergleichs).
53. Anmerkung zum Urteil des OLG Naumburg vom 14.12.2000, FamRZ 2001, S. 1007 (Folgen fehlender Postulationsfähigkeit).
54. Anmerkung zur Entscheidung des Justizministeriums Baden-Württemberg vom 4.12.2000, FamRZ 2001, S. 1017–1018 (Anerkennung ausländischer Ehescheidung bei fehlerhafter Antragszustellung).
55. Anmerkung zur Entscheidung des Justizministeriums Baden-Württemberg vom 27.12.2000, FamRZ 2001, S. 1019 (Nichtanerkennung einer Privatscheidung bei Geltung deutschen Scheidungsstatuts).
56. Anmerkung zum Urteil des BGH vom 5.9.2001, FamRZ 2001, S. 1691 (Abänderung von Prozessvergleichen bei Änderung der Rechtsprechung).
57. Anmerkung zum Beschluss des OLG München vom 12.3.2001. FamRZ 2002, S. 407 (Auslegung einer Scheidungsfolgenvereinbarung).
58. Anmerkung zum Urteil des AmtsG Groß-Gerau vom 20.3.2002, FamRZ 2002, S. 1266 (Teilklagen zu Unterhalt und Zugewinn im Scheidungsverbund).

59. Anmerkung zum Beschluss des OLG Naumburg vom 13.11.2001, FamRZ 2002, S. 1343 (Wiedereinsetzung bei Krankenhausaufenthalt).
60. Anmerkung zum Urteil des AmtsG Landstuhl vom 6.9.2001, FamRZ 2002, S. 1343 (Internationale Ehescheidungszuständigkeit für faktisch geduldete Ausländer).
61. Anmerkung zum Beschluss des OLG Düsseldorf vom 6.3.2002, FamRZ 2002, S. 1423 (Nachträglich entstandene Einwendungen gegen Vollstreckbarerklärung einer schwedischen öffentlichen vollstreckbaren Urkunde).
62. Anmerkung zum Urteil des AmtsG Leverkusen vom 14.2.2002, FamRZ 2002, S. 1636 (Internationale Scheidungszuständigkeit für Italiener in Deutschland).
63. Anmerkung zum Beschluss des VGH Baden-Württemberg vom 17.6.2002, FamRZ 2003, S. 105 (Unvollständige Rechtsmittelbelehrung und Wiedereinsetzung).
64. Anmerkung zum Beschluss des BayObLG vom 12.6.2002, FamRZ 2003, S. 392 (Auslegung einer Parteiprozesshandlung).
65. Anmerkung zum Urteil des OLG Brandenburg vom 21.11.2002, FamRZ 2003, S. 618 (Unterhaltsverfahren nach § 653 ZPO als Kindschaftssache?).
66. Anmerkung zum Urteil des OLG Naumburg vom 28.8.2002, FamRZ 2003, S. 1024-1025 (Unterhaltspflicht kraft fiktiven Einkommens; Grenzen der Bemühungen um einen Arbeitsplatz).
67. Anmerkung zum Beschluss des OLG Nürnberg vom 31.10.2002, FamRZ 2003, S. 1119 (Kostenverteilung bei Klagerücknahme vor Zustellung).
68. Anmerkung zum Beschluss des OLG Zweibrücken vom 28.3.2002, FamRZ 2003, S. 1700 (Zur Rechtswahl im internationalen Erbrecht).
69. Anmerkung zum Beschluss des BGH vom 11.11.2003, FamRZ 2004, S. 98

(Gerichtsstand des Erfüllungsorts für Gebühren des Rechtsanwalts).
70. Anmerkung zum Beschluss des BGH vom 9.10.2003, FamRZ 2004, S. 100 (Gerichtliche Hinweispflicht bei fehlenden Angaben zum Prozesskostenhilfeantrag).
71. Anmerkung zum Beschluss des OLG Brandenburg vom 15.4.2003, FamRZ 2004, S. 273 (Verwerfung unbegründeter Beschwerde ; Geltung der Hinweispflicht im Vereinfachten Verfahren).
72. Anmerkung zum Beschluss des OLG Brandenburg vom 26.5.2003, FamRZ 2004, S. 383 (Hinweispflicht des Gerichts im PKH-Verfahren).
73. Anmerkung zum Beschluss des OLG Brandenburg vom 20.3.2003, FamRZ 2004, S. 711 (Vorgehen bei Erledigung des Verfahrens auf Kindesherausgabe).
74. Anmerkung zum Beschluss des OLG Koblenz vom 12.1.2004, FamRZ 2004, S. 823 (Folgen der Stellung des Antrags auf Eröffnung eines Verbraucherinsolvenzverfahrens für Unterhaltspflicht).
75. Anmerkung zum Beschluss des BGH vom 3.3.2004, FamRZ 2004, S. 940 (Rechtskraft der Ablehnung von Prozesskostenhilfe?).
76. Anmerkung zum Beschluss des OLG Karlsruhe vom 6.10.2003, FamRZ 2004, S. 1217 (Nachträgliche PKH-Bewilligung bei fristgerecht nachreichten Unterlagen).
77. Anmerkung zum Beschluss des OLG Zweibrücken vom 5.2.2004, FamRZ 2004, S. 1299 (Antrag auf Verlängerung der Berufungsbegründungsfrist als Voraussetzung für die Wiedersetzung zugunsten der „armen" Partei).<!-[if !supportEmptyParas]->
78. Anmerkung zum Beschluss des LG Memmingen vom 23.6.2003, FamRZ 2004, S. 1393 (Selbstbehalt des Unterhaltsschuldners).
79. Anmerkung zum Beschluss des OLG Karlsruhe vom 12.11.2003, FamRZ 2005, S. 49 (Umdeutung einer Gegenvorstellung).

80. Anmerkung zum Urteil des AmtsG Hamburg vom 4.8.2004, FamRZ 2005, S. 284 (Beachtung der Rechtshängigkeit eines Scheidungsverfahrens in Florida).
81. Anmerkung zum Beschluss des OLG Zweibrücken vom 3.8.2004, FamRZ 2005, S. 380 (Beweislast für Rechtshängigkeit im Ausland).
82. Anmerkung zum Beschluss des BVerfG vom 1.10.2004, FamRZ 2005, S. 428 (Verfassungsmäßigkeit von § 522 II ZPO).
83. Anmerkung zum Beschluss des BGH vom 21.12.2004, FamRZ 2005, S. 437 (Pfändbarkeit von Mieteinkünften aufgrund Nießbrauchs).
84. Anmerkung zum Beschluss des OLG Koblenz vom 29.11.2004, FamRZ 2005, S. 916 (Insolvenzfreies Einkommen und Unterhalt).
85. Anmerkung zum Beschluss des BayObLG vom 26.11.2004, FamRZ 2005, S. 1018 (Art der Entlassung eines Testamentsvollstreckers bei Nachlassspaltung).
86. Anmerkung zum Beschluss des OLG Naumburg vom 7.9.2004, FamRZ 2005, S. 1269 (Zuweisung einer Gartenlaube nach § 1 HausratsVO).
87. Anmerkung zum Beschluss des AG Ludwigslust vom 2.2.2005, FamRZ 2005, S. 1495 (Bindungswirkung eines Anerkennungsurteils in Unterhaltssachen).
88. Anmerkung zum Urteil des OLG Koblenz vom 2.3.2004, FamRZ 2005, S. 1694 (Anerkennung einer litauischen Behördenscheidung).
89. Anmerkung zum Beschluss des OLG Dresden vom 9.11.2005, FamRZ 2006, S. 565 (Vollstreckbarerklärung eines ungarischen Unterhaltsurteils).
90. Anmerkung zum Beschluss des OLG Naumburg vom 4.8.2005, FamRZ 2006, S. 868 (Kostentragung bei Rücknahme des Scheidungsantrags nach Tod des Antragsgegners).
91. Anmerkung zum Beschluss des OLG Karlsruhe vom 2.3.2006, FamRz

2006, S. 957 (Zur Teilaufnahme einer Unterhaltsklage nach Insolvenzeröffnung).

92. Anmerkung zum Beschluss des OLG Hamm vom 15.11.2005, FamRZ 2006, S. 968 (Unterlagen für Vollstreckbarerklärung eines Verbundurteils über Kindesunterhalt).

93. Anmerkung zum Beschluss des OLG Brandenburg vom 5.1.2006, FamRZ 2006, S. 1045-1046 (Zum zumutbaren Vermögenseinsatz des Prozesskostenhilfe-Antragstellers).

94. Anmerkung zum Beschluss des OLG Celle v. 4.8.2005, FamRZ 2007, S. 154 (Pflicht zur Rücklagenbildung für Prozesskosten?).

95. Anmerkung zum Beschluss des BGH vom 14.3.2007, FamRZ 2007, S. 993-994 (Zulässigkeit materieller Einwendungen im Verfahren der Vollstreckbarerklärung).

96. Anmerkung zum Urteil des AG Hanau v. 16.4.2007, FamRZ 2007, S. 1342-1343 (Fehlschlagen einer günstigen Prognose als Abänderungsgrund).

97. Anmerkung zum Beschluss des OLG Naumburg v. 29.9.2006, FamRZ 2007, S. 1474 (Hinweispflicht im Prozesskostenhilfeverfahren).

98. Anmerkung zum Beschluss des OLG Naumburg v. 24.1.2007, FamRZ 2007, S. 1580 (Anforderung an den Antrag auf Hausratsteilung).

99. Anmerkung zum Beschluss des OLG Brandenburg v. 19.7.2007, 9 WF 197/07, FamRZ 2008, S. 71 (Keine Pflicht des Antragsgegners zur sachlichen Stellungnahme auf einen PKH-Antrag).

100. Anmerkung zum Beschluss des BGH v. 12.12.2007, XII ZB 240/05, FamRZ 2008, S. 591 (Amtsprüfung von Versagungsgründen im Beschwerdeverfahren nach Art. 43 Brüssel I-VO).

101. Anmerkung zum Beschluss des BVerfG v. 18.6.2008, FamRZ 2008, 2103/04 (Unanfechtbarkeit von Beschlüssen nach § 522 II ZPO).

102. Anmerkung zum Beschluss des OLG Koblenz v. 9.10.2008 (Ratenzahlung

und Prozesskostenhilfe trotz Insolvenzverfahrens), FamRZ 2009, 534.
103. Anmerkung zum Beschluss des OLG Braunschweig v. 12.9.2008 (Anrechnung der Beratungshilfegebühr auf die verminderte Verfahrensgebühr des beigeordneten Anwalts), FamRZ 2009, 720.
104. Anmerkung zum Beschluss des OLG Saarbrücken v. 10.11.2008 (Zeitpunkt der Erfolgsaussicht für Prozesskostenhilfe), FamRZ 2009, 895.
105. Anmerkung zum Beschluss des OLG Frankfurt v. 9.2.2009 (Wohnsitz bei Auslandsstudium), FamRZ 2009, 797.
106. Anmerkung zum Beschluss des OLG Brandenburg v. 4.2.2009 (Zeitpunkt der Erfolgsaussicht für Prozesskostenhilfe), FamRZ 2009, 1428.
107. Anmerkung zum Beschluss des OLG Brandenburg v. 6.11.2008 (Beginn der Beschwerdefrist bei Zustellung an Partei und Prozessbevollmächtigten), FamRZ 2009, 1417.
108. Anmerkung zum Beschluss des OLG Bamberg v. 3.6.2009 (Verweisung an das zuständige Gericht auf Hilfsantrag), FamRZ 2009, 2417.
109. Anmerkung zum Beschluss des OLG Düsseldorf v. 4.6.2009 (Anwendung von § 522 II ZPO trotz grundsätzlicher Bedeutung), FamRZ 2009, 2033.
110. Anmerkung zum Beschluss des BGH v. 2.9.2009 (Ablehnung der Vollstreckbarerklärung wegen Ausschluss vom Verfahren wegen Missachtung des Gerichts), FamRZ 2009, 2074.
111. Anmerkung zum Beschluss des BGH v. 21.10.2009 (keine Terminsgebühr bei Einigung per E-Mail), FamRZ 2010, 27.
112. Anmerkung zum Beschluss des OLG Karlsruhe v. 17.8.2009 (Intern. Zuständigkeit für isoliertes Versorgungsausgleichsverfahren), FamRZ 2010, 148/49.
113. Anmerkung zum Beschluss des BGH v. 2.12.2009 (zur Kostenverteilung in Unterhaltssachen bei Obsiegen ohne Aufforderung zur Titelerrichtung), FamRZ 2010, 197.

114. Anmerkung zum Urteil des OLG Koblenz v. 30.9.2009 (Ausforschung des eigenen Steuerberaters), FamRZ 2010, 322.
115. Anmerkung zum Beschluss des Kammergerichts vom 3.11.2009, FamRZ 2010, 831 (Streitwerterhöhung durch den Wohnwert der selbst genutzten Eigentumswohnung?).
116. Anmerkung zum Beschluss des OLG Karlsruhe vom 6.7.2010, FamRZ 2010, 2012 (Vertrauensschutz für Anwalt in unrichtige Rechtsmittelbelehrung).
117. Anmerkung zum Beschluss des BGH v. 30.3.2011 (Anerkennung einer Diplomatenscheidung), FamRZ 2011, 791.
118. Anmerkung zum Beschluss des OLG Bamberg v. 16.2.2011 (Wohnungszuweisung nach BGB und GewSchG), FamRZ 2011, 1420.
119. Anmerkung zum Beschluss des OLG Bremen v. 19.5.2011 (Anerkennung ausländischer Erbscheine), FamRZ 2011, 1893.
120. Anmerkung zum Beschluss des OLG Hamm v. 11.5.2011 (Zeitpunkt für die Beurteilung der Erfolgsaussicht der Rechtsverteidigung), FamRZ 2011, 1973.
121. Anmerkung zum Beschluss des OLG Brandenburg v. 7.9.2011 (Wiedereinsetzung bei fehlerhafter Rechtsmittelbelehrung), FamRZ 2012, 475.
122. Anmerkung zum Beschluss des OLG Brandenburg v. 27.3.2012 (Nachträgliche Geltendmachung von Reisekosten durch PKH-Partei), FamRZ 2012, 1235.

Nach oben

IV. Buchbesprechungen

1. *Baumbach/Lauterbach/Albers/Hartmann*, ZPO, 34. Auflage 1974, in: NJW 1974, S. 1315.
2. *Cappelletti, Gordley, Johnson, Jr.*, Toward Equal Justice, 1975, in: RabelsZ

41 (1977), S. 410-412.
3. Gedächtnisschrift für *Rödig*, 1978, in : ZZP 92 (1979), S. 472-475.
4. *Schwimann*, Internationales Zivilverfahrensrecht, 1979, in : StAZ 1980, S. 132.
5. *Baumann*, Grundbegriffe und Verfahrensprinzipien des Zivilprozessrechts, 2. Auflage 1979, in : ZZP 93 (1980), S. 335-336.
6. *Nagel*, Durchsetzung von Vertragsansprüchen im Auslandsgeschäft, 1978, in : AcP 180 (1980), S. 533-536.
7. *Häsemeyer*, Schadenshaftung im Zivilrechtsstreit, 1979, in : NJW 1980, S. 686.
8. *Göbel*, Prozesszweck der AGB-Klage und herkömmlicher Zivilprozess, 1980, in : JZ 1981, S. 112.
9. *Schütze*, Internationales Zivilprozessrecht, 1980, in : StAZ 1981, S. 124.
10. *Nagel*, Internationales Zivilprozessrecht, 1980, in : ZZP 94 (1981), S. 351-354.
11. *Kur*, Beweislast und Beweisführung im Wettbewerbsprozess, 1981, in : GRUR Int. 1982, S. 695-697.
12. *Franzki*, Die Beweisregeln im Arzthaftungsprozess, 1982, in : ZZP 96 (1983), S. 519-521.
13. *Zeiss*, Zivilprozessrecht, 5. Auflage 1982, in : ZZP 96 (1983), S. 530-532.
14. *Bonvie*, Änderungen von Entscheidungen der freiwilligen Gerichtsbarkeit, 1982, in : FamRZ 1983, S. 446.
15. *Brehm*, Die Bindung des Richters an den Parteivortrag und Grenzen freier Verhandlungswürdigung, 1982, in : AcP 183 (1983), S. 201-209.
16. *Dolinar*, Österreichisches Außerstreitverfahrensrecht Allgemeiner Teil, 1982, in : FamRZ 1983, S. 869-870.
17. *Schreiber*, Die Urkunde im Zivilprozess, 1982, in : JZ 1983, S. 316.
18. *Schlosser*, Zivilprozessrecht I, 1982, in : JZ 1983, S. 403.

19. *Rüffer*, Die formelle Rechtskraft des Scheidungsausspruches bei Ehescheidung im Verbundverfahren, 1982, in : StAZ 1983, S. 264.
20. Der Prozessvergleich, hrsg. v. *W. Gottwald* u.a., Rechtstatsachenforschung, Köln 1983, in : JZ 1984, S. 278.
21. Handbuch des Internationalen Zivilverfahrensrechts, Band I, 1982, in : StAZ 1984, S. 114-115.
22. *Habscheid*, Freiwillige Gerichtsbarkeit, 7. Auflage 1983, in : FamRZ 1984, S. 647.
23. *Schack*, Jurisdictional Minimum Contacts Scrutinized, 1983, in : StAZ 1984, S. 353-354.
24. *Baur/Stürner*, Zwangsvollstreckungs-, Konkurs-und Vergleichsrecht, 11. Auflage 1984, in : ZZP 98 (1985), S. 219-223.
25. *Scheftelowitz*, Israelisches Handels-und Wirtschaftsrecht, 1984, in : ZZP 98 (1985), S. 231-232.
26. L'evolution du droit judiciaire au travers des contentieux économique, social et familial, Actes des XIes Journées d'études juridiques Jean Dabin, Bruxelles 1984, in : FamRZ 1985, S. 682-683.
27. Handbuch des Internationalen Zivilverfahrensrechts, Bd. III/1 und 2, 1984, in : StAZ 1985, S. 264-265.
28. *Ferid/Firsching*, Internationales Erbrecht, Erg.Lfg. XXII, 1984, in : FamRZ 1986, S. 329-330.
29. *Baudenbacher*, Rechtsverwirklichung als ökonomisches Problem?, 1985, in : ZZP 99 (1986), S. 111-112.
30. *Rahmann*, Ausschluss staatlicher Gerichtszuständigkeit, 1984, in : ZZP 99 (1986), S. 121-123.
31. *Wassermann*, Die richterliche Gewalt, 1985, in : FamRZ 1986, S. 868.
32. *Blaurock* (Hrsg.), Die Bedeutung von Präjudizien im deutschen und französischen Recht, 1985, in : ZZP 99 (1986), S. 333-335.

33. *Blomeyer*, Zivilprozessrecht, Erkenntnisverfahren, 2. Auflage 1985, in: FamRZ 1986, S. 962.
34. *Keidel/Schmatz/Stöber*, Registerrecht, 4. Auflage 1985, in: FamRZ 1986, S. 963.
35. *Vogel*, Schweizerisches Zivilprozessrecht, 1985, in: ZZP 99 (1986), S. 497-499.
36. *Rennen/Caliebe*, Rechtsberatungsgesetz, in: FamRZ 1987, S. 28-29.
37. *Ferid/Firsching*, Internationales Erbrecht, Erg.Lfg. XXIII-XXV, in: FamRZ 1987, S. 138-139.
38. *Zeller/Stöber*, Zwangsversteigerungsgesetz, 12. Auflage 1987, in: NJW 1987, S. 2660.
39. *Baumbach/Lauterbach/Albers/Hartmann*, ZPO, 45. Auflage 1987, in: FamRZ 1987, S. 780-781.
40. *Keller/Siehr*, Allgemeine Lehren des Internationalen Privatrechts, 1986, in: ZZP 101 (1988), S. 214-216.
41. *Koussoulis*, Beiträge zur modernen Rechtskraftlehre, 1986, in: FamRZ 1988, S. 358.
42. *Wassermann* (Hrsg.), Kommentar zur Zivilprozessordnung, Reihe Alternativkommentare, 1987, in: FamRZ 1988, S. 466-467.
43. *Ferid*, Internationales Privatrecht, 3. Auflage 1986, in: FamRZ 1989, S. 21.
44. *Keidel/Kuntze/Winkler*, FG, Teil 2 (BeurkG), 12. Auflage 1987, in: FamRZ 1989, S. 359.
45. *Kropholler*, Europäisches Zivilprozessrecht, 2. Auflage 1987, in: FamRZ 1989, S. 470.
46. *Herrmann*, Die Grundstruktur der Rechtshängigkeit, 1988, in: FamRZ 1989, S. 1152.
47. *Hess/Kropshofer*, Kommentar zur Konkursordnung, 3. Auflage 1989, in:

NJW 1990, S. 174.
48. *Vogel*, Grundriss des Zivilprozessrechts, 2. Auflage 1988, in : FamRZ 1990, S. 473.
49. Festschrift für *Max Keller*, 1988, in : FamRZ 1990, S. 712.
50. *Schellhammer*, Zivilprozess, 4. Auflage 1989, in : FamRZ 1990, S. 1325.
51. *Hartwieg*, Die Kunst des Sachvortrags im Zivilprozessrecht, in : ZZP 103 (1990), S. 496-499.
52. *Leipold*, Lex fori, Souveränität, Discovery, 1989, in : FamRZ 1991, S. 404.
53. *Jauernig*, Zwangsvollstreckungs-und Konkursrecht, 19. Auflage 1990, in : NJW 1991, S. 969.
54. *Coing* u.a., Die Japanisierung des westlichen Rechts, 1990, in : FamRZ 1991, S. 661.
55. *K. Sakamoto*, Rechtskräftige Entscheidung und Nachforderung in Unterhalts-und Schadensersatzsachen in Japan, 1990, in : FamRZ 1991, S. 661.
56. *W. Krause*, Ausländisches Recht und deutscher Zivilprozess, 1990, in : FamRZ 1991, S. 782.
57. *Bassenge/Herbst*, FGG/RpflG, 5. Auflage 1990, in : FamRZ 1991, S. 903.
58. *St. Smid*, Rechtsprechung, 1990, in : FamRZ 1991, S. 1273.
59. Festschrift für *Baumgärtel* (Hrsg. v. H. Prütting), 1990, in : FamRZ 1991, S. 1403-1404.
60. *Kipp/Coing*, Erbrecht, 14. Auflage 1990, in : FamRZ 1992, S. 141-142.
61. *Kropholler*, Europäisches Zivilprozessrecht, 3. Auflage 1991, in : FamRZ 1992, S. 515-516.
62. *Rieß/Hilger*, Das Rechtspflegerecht des Einigungsvertrages, 1991, in : FamRZ 1992, S. 516.
63. *Jaeger*, Konkursordnung mit Einführungsgesetzen, 9. Auflage, 4. Lfg. 1991, in : FamRZ 1992, S. 765.
64. *K. Schmidt*, Wege zum Insolvenzrecht der Unternehmen, 1990 (mit *F.*

Neumann), in : ZZP 105 (1992), S. 542-547.

65. *Herbst* (Hrsg.), Das Bayerische Oberste Landesgericht, 1993, in : FamRZ 1994, S. 356.

66. *Wassermann* (Hrsg.), Kommentar zum Bürgerlichen Gesetzbuch (AK-BGB), Bd. 6 Erbrecht, 1990, in : FamRZ 1994, S. 946.

67. *Baumgärtel*, Handbuch der Beweislast im Privatrecht, Bd. 1, 2. Auflage 1991, in : FamRZ 1994, S. 946.

68. *Eilers*, Maßnahmen des einstweiligen Rechtsschutzes im europäischen Zivilrechtsverkehr, 1991, in : FamRZ 1994, S. 1513.

69. *Ferid/Firsching/Lichtenberger*, Internationales Erbrecht, 26.-35. Erf.Lfg., in : FamRZ 1995, S. 467.

70. *Ferid/Firsching/Lichtenberger*, Internationales Erbrecht, 36.-38. Erg.Lfg., in : FamRZ 1996, S. 1461.

71. *Breidenbach*, Mediation, 1995, in : FamRZ 1997, S. 1140.

72. *Ferid/Firsching/Lichtenberger*, Internationales Erbrecht, 39. Lfg. 1996, in : FamRZ 1998, S. 17.

73. *Schömmer/Faßold/Bauer*, Internationales Erbrecht, Italien, Internationales Erbrecht Österreich, Internationales Erbrecht Türkei, 1997, in : FamRZ 1999, S. 1643.

74. *Ferid/Firsching/Lichtenberger*, Internationales Erbrecht, 40. Lfg., in : FamRZ 1999, S. 1644.

75. *Zöller*, Zivilprozessordnung, 22. Auflage 2001, in : FamRZ 2002, S. 154-155.

76. *Zuckerman*, Civil Procedure, 2003, ZZP 118 (2005), S. 127-129.

77. *Kennett*, Enforcement of Judgments in Europe, 2002, RabelsZ 70 (2006), S. 427-429.

78. Unternehmenskrisen. Der Jurist als Notarzt. Festschrift für Eberhard Braun (Hrsg. v. Th. Kind, F. Kießner u. A. Frank), 2007, NZI 2008, Heft 9,

S. XI–XII.

79. Baetge/ v. Hein/ v. Hinden, Die richtige Ordnung, Festschrift für Jan Kropholler, 2008, in FamRZ 2010, 23–24.

Nach oben

V. Sonstiges

1. Wissenschaftliche Vereinigung für internationales Verfahrensrecht (Tagungsbericht), NJW 1980, S. 497–498.
2. VII. Internationaler Kongress für Prozessrecht Würzburg 1983, Rabels Zeitschrift 38 (1984), S. 578–583.
3. Handelsstand und Handelsgeschäfte (Kaufmann bis Schifffahrtsrecht), in : Streit/Umbach/Bartlsperger, Die Wirtschaft heute, 1. Auflage Mannheim 1976 ; 2. Auflage 1980 ; 3. Auflage 1985, S. 136–149.
4. Die Wiederkehr der Erfolgshaftung (Seminarbericht) (mit H. Honsell), in : O. Molden, Krise der Moderne?, Europäisches Forum Alpbach 1988, S. 530–537.
5. „Überreichung einer Festschrift", in Feier aus Anlass des 70. Geburtstags von Karl Heinz Schwab am 24.2.1990, Erlanger Universitätsreden Nr. 29/1990, S. 23–25.
6. „Baumbach–Lauterbach–50. Auflage", NJW 1992, S. 475–477.
7. Hans Friedhelm Gaul zum 70. Geburtstag, FamRZ 1997, S. 1326.
8. Mitteilung : Grenzüberschreitende Zustellung der Forderungspfändung und von einstweiligen Verfügungen, IPRax 1999, S. 395–396.
9. Karl Heinz Schwab zum 80. Geburtstag, ZZP 113 (2000), S. 3–4.
10. Dieter Schwab zum 70. Geburtstag, NJW 2005, S. 2361–2362.
11. Karl Heinz Schwab

    a) ZZP 121 (2008), S. 135–137 ;

    b) (engl. Fassung), Revista de Processo (São Paulo) 158 (2008), S. 365–

366.

12. Germany, in J. Sarra, Employee and Pension Claims During Company Insolvency, Toronto, 2008, S. 249-251.

Nach oben

VI. Herausgebertätigkeit

Mitherausgeber und Schriftleiter der Zeitschrift für das gesamte Familienrecht, Gieseking-Verlag, seit 1987.

Mitherausgeber der Zeitschrift für Zivilprozess International, Heymanns Verlag, 1996 bis 2008.

Mitherausgeber der Neuen Zeitschrift für Insolvenzrecht, Beck-Verlag, seit 1998.

Herausgeber der Veröffentlichungen der Wissenschaftlichen Vereinigung für internationales Verfahrensrecht, Gieseking-Verlag, 1997-2009.

Mitherausgeber der FamRZ-Bücher, Gieseking-Verlag, seit 1995.

Mitherausgeber der Beiträge zum europäischen Familienrecht, Gieseking-Verlag, seit 1995.

Mitherausgeber der Schriften zum Verfahrensrecht, Lang-Verlag, seit 2002.

Mitherausgeber der Festschriften für Karl Heinz Schwab (1990), Dieter Henrich (2000), Ekkehard Schumann (2001) und Gero Fischer (2008).

Editor-in-chief of the International Journal of Procedural Law, Intersentia Cambridge-Antwerp-Portland, since 2011.

索引

人名索引

ア行

アルトハンマー　　　　　11

サ行

シュタイン　　　　　　　13
シュタッドラー　　　　　47
シュトゥルナー　　　　23, 24
シュワープ
　　2, 4-10, 14, 16-18, 20-23, 25-28

タ行

デニング　　　　　　　　19
デ・ボーア　　　　　　　22

ナ行

ニキッシュ　　　　　　9, 27

ハ行

ファン・デン・ベルク　　122
フォン・バール　　　　　47
フライシャー　　　　　　47

ブラウン　　　1, 15, 20, 22, 24-26
プリュッティング　　　　17
ブロマイヤー　　12, 13, 23, 26, 28
ヘス　　　　　　　　　7, 15
ベティヒャー　　　　　　13
ヘルウィック　　　　　8, 9, 13
ヘンケル　　　　　　　　22

マ行

ミクリッツ　　　　　　47, 48

ヤ行

ヤウエルニッヒ　　　　　15

ラ行

ライポルト　　　　　　　17
ローゼンベルク
　　2-7, 9, 13, 14, 16-18, 20-23, 25-28
ロート　　　　　　　　　11

ワ行

ワグナー　　　　　　　　48

事項索引

ア 行

悪意のある訴訟追行の禁止　28
アムステルダム条約　72, 91
アメリカ仲裁協会　133
　──国際紛争解決センター　117
　──商事紛争における仲裁人の
　　ための倫理規則　133
UNCITRAL モデル法
　　98, 114, 115, 117, 124, 128
e コマース　82
e ディスカヴァリ　135
EU 指令　34
意思の瑕疵　25
一肢説（一分肢説）　10, 11
一事不再理　13
一部請求　14, 15
一般的（事案）解明義務　24
違法収集証拠　20
インターネットによる
　人格権侵害　81
訴えの変更　8, 10
営業の秘密　21
　──保護のための「秘密手続」　21
英国仲裁人協会　133
オーストリア連邦経済評議会　117
オプト・アウト　46
　──型集団訴訟　48, 49
オプト・イン　51
　──型集団訴訟　48
オンライン紛争解決に
　関する規則（EU）　68, 74

カ 行

外国人による担保提供　38
外国人弁護士　59
蓋然性　18, 19
確信　18, 19
確認の訴え　11
確認判決　9
影の司法　131
過剰管轄　77
仮装共同経営法律事務所　60
カルテル法　34, 49
簡易裁判所　29
管轄・執行規則（EU）　118
管轄の合意　83
完全陳述義務　24
簡素化法　7
環大西洋貿易投資パートナーシップ
　　131
機関仲裁　122, 135
企業内弁護士　56, 67
危険領域　18
機能的当事者概念　22
規範説（証明責任）　17
既判力　8, 12-16, 44, 45
　──の拡張　15
給付の訴え　11, 27
給付の反訴　11
給付判決　9
共同経営法律事務所　60
協働主義　7
共同訴訟　32
許可された機関　50
義務履行地の裁判籍　80

魚雷訴訟	84	国際裁判管轄	28, 76, 77, 79, 86,
緊急仲裁人	123, 124		95, 98, 102-104, 106
——による決定	123	国際債務法	80
銀行口座の仮差押えの		国際商業会議所	116, 124, 127, 134
ための規則（EU）	74	国際商事仲裁	115
禁反言	13, 14	国際商事仲裁協会（ICCA）	134
勤務弁護士	59, 60	国際仲裁	115, 116, 130, 131
クラス・アクション	47, 51, 53	国際仲裁における当事者の代理に	
グリーンブック	49	関するガイドライン	134
グループ裁判籍	109	国際投資紛争解決条約	130
グループ調整手続	109	国際法曹協会	134
経験則	18	国連国際商取引法委員会	115
形式的当事者概念	22	国境を越えた紛争	116
形成権	12, 16	子の連れ去り	78
——の基準時後の行使	16	子の引渡し	89
形成の訴え	11, 12	コモンロー	18, 98, 130
欠席判決	86-88	コンツェルン企業	99, 106, 108-110
現状の保護	18	コンツェルン倒産	106, 109, 113
憲法抗告	5		
権利抗告	86	サ　行	
権利主張	9		
権利障害事実	17	最恵国条項	121
権利能力	41	債権譲渡による集合訴訟	36, 38
権利の実現	2	再審	25
権利保護形式	11	裁判外の法的助言	39
権利保護請求権	3, 4	裁判の真実性	20
権利保護の利益	11, 27, 28	裁判の正当性	20
合意管轄裁判所	84	債務承認	25
合意管轄の書面性	83	債務名義創設規則（EU）	73
行為義務	22	差止請求訴訟	34, 73
行為責任	23	差止請求訴訟法	34
公共の利益	33, 34	残部請求	15, 16
公序	119	事案解明義務	23, 46
——違反	86, 88, 121	自己管財人	96, 97
——コントロール	77, 89	事実関係	9, 11-13
控訴審	30	事実上の効力拡張効	34
公認会計士	59	市場の適正化	3
公文書の自由な移動に		執行宣言	74, 85, 86, 88
関する規則（EU）	75	実体法上の請求権	10

実体法説（既判力）	13	承認適格	84
私的自治の原則	6	消費者事件の管轄	82
私的な仲裁廷	116, 132	消費者団体	35, 36, 40, 41
自動承認	84, 88	消費者保護法	34
司法行為請求権	4, 5	情報の偏在	24
司法試験	55, 68	証明責任	18, 23
司法修習	55	――の分配	16-18
事務所共同体	59	証明度	18, 19
社会裁判所	56	職業責任保険	56
社会的民事訴訟	29	職務上の当事者	22
釈明権（釈明義務）	7, 16	職権証拠調べ	6, 8
遮断効	16	女性弁護士	55, 69
集合訴訟	36-38, 40, 42, 46	処分権主義	5, 6
集合的権利保護	31	書面による仲裁合意	120
修正された規範説	17	人格権	20
集団訴訟	32, 47-50, 52	シンガポール国際仲裁センター	
主張の完全性	6		117, 124
出廷義務	23	信義則	24, 28
主手続（倒産手続）		真実義務	23, 24
94, 95, 98, 100, 101, 107, 108, 112		新実体法説（訴訟物）	10
シュトゥットガルト・モデル	2, 29	スイス国際仲裁ルール	117
守秘義務	66	スイス商工会議所	117
主要弁論	2	請求権規範の競合	10, 12
純粋な私法上の契約	26	請求権競合	8, 10
純粋な訴訟行為	25	請求の拡張	11
少額・拡散損害	31, 42, 48, 53	請求の併合	8-10
少額請求訴訟規則（EU）	73, 75	成功報酬	63
商業帳簿の閲覧	21	誠実な当事者	28
消極的確認の訴え	11, 16	税理士	59
証拠収集規則（EU）	72	絶対的な確信	18
証拠提出義務	23	セメントカルテル事件	38
証拠との距離	18	先決的な法律関係	14
証拠評価	18, 19	専属管轄	43, 86
証拠方法	6, 7, 20	専属的管轄合意	84
――の返還請求権	20	専門弁護士	57, 58
商事仲裁	132	相殺の意思表示	26, 27
商事紛争における仲裁人のための		相殺の抗弁	26
倫理規則	133	争訟的抗告手続	85
承認拒絶事由	85, 86, 88, 89, 119	相続権に関する規則（EU）	74, 79

送達	86, 87
——に関する規則（EU）	72
相談援助	63
双方代理	66
訴訟係属	8, 10, 11, 26, 27, 77
——の抗弁	10, 11
訴訟契約による訴訟行為	25
訴訟行為	25, 28
訴訟指揮	2
訴訟差止命令	129
訴訟状態の不当形成	28
訴訟上の権能の失効	28
訴訟上の公序	87, 90
訴訟上の失権効	13
訴訟上の請求	8-10
訴訟上の相殺	27
訴訟上の認諾	25
訴訟上の和解	26, 87
訴訟資料	6, 7, 16
訴訟促進義務	7, 29
訴訟遅延の責問	5
訴訟代理に対する手数料	61
訴訟中止命令	78, 120
訴訟追行権	22
訴訟追行団体	37
訴訟登録簿	43
訴訟能力	25
訴訟の対象	8
訴訟費用援助	63, 67, 73
訴訟費用ファイナンス	37
訴訟費用負担のリスク	16, 37
訴訟費用法現代化法	61
訴訟物	8-12
——の相対性	10, 11
訴訟法説（既判力）	13
損害評価	19

タ 行

大規模損害	31, 43
代償請求	12
代替的紛争解決	74
代理人	22
団体訴権	34
団体訴訟	34, 35, 47, 52, 53
中国国際経済貿易仲裁委員会	116
仲裁	4, 115
仲裁裁判所	78, 123, 125, 126, 131, 132
仲裁手続差止	129
仲裁手続の併合	125-128
仲裁人	66
仲裁の合意	28
——の抗弁	120
——の有効性	118-120
仲裁判断の取消	119, 121
仲裁判断の承認・執行	119
調整管財人	109
調整手続	109
調停	2, 4, 68
著作権法	34
適格ある機関	35
適時提出義務	23
手続における法律行為	25
典型的事象経過	18
ドイツ基本法	5
ドイツ仲裁協会	122
——仲裁規則	124
ドイツ倒産法	105
ドイツ法曹大会	47, 48
ドイツ連邦弁護士会	61
統一的損害賠償請求訴訟	49
統一民事訴訟法	76
統一ヨーロッパ特許裁判所	75
統合的付随手続	101, 102
凍結命令（イギリス）	75

倒産開始前手続	96
倒産規則（EU）	
	72, 75, 79, 91-93, 95, 99, 103
倒産財団	95
投資家を援助する投資家連盟	37
当事者公開の原則	21
当事者尋問	20
当事者能力	38, 41
投資者ムスタ手続法	
	42, 43, 45, 46, 48, 49, 52
投資仲裁の透明化に関する	
UNCITRAL 規則	133
投資紛争仲裁	116
督促手続規則（EU）	73, 75
特別裁判籍	79
特別調整管財人	110
特別調整手続	110
特別倒産管財人	110

ナ　行

二肢説（二分肢説）	9, 12
二次的主張責任	24
二次的証明責任	24
二重起訴	27
ニューヨーク条約	115, 119-123
任意的訴訟担当	47
認諾判決	25

ハ　行

ハーグ議定書	89
ハーグ条約	84
パートタイム弁護士	56, 58
パートナーシップのための財産制に	
関する規則（EU）	75, 78
パートナーシャフト組合	60
跛行的仲裁判断	121
破産管財人	22

索　引　185

判決の対象	12
否認訴訟	103, 104
表見証明	18
夫婦のための財産制に関する	
規則（EU）	75, 78
Facebook 事件	37
フォーラム・ショッピング	100, 111
フォーラム・ノン・	
コンヴィニエンス	77
付随手続（倒産手続）	
	91, 94, 95, 100, 101, 107, 108
不正競争防止法	51
附帯私訴	88
普通裁判籍	79
普通取引約款	34
不法行為地の裁判籍	81, 82
扶養事件に関する規則（EU）	73, 78
プライバシー	20
ブリュッセル条約	71, 72, 80, 86, 104
ブリュッセル規則	104, 120
ブリュッセルⅠ規則（EU）	
	72, 74, 78, 79, 84, 85, 89, 90
ブリュッセルⅠa 規則（EU）	78
ブリュッセルⅡ規則（EU）	72
ブリュッセルⅡa 規則（EU）	72
紛争解決	2
併合仲裁人	127
併存説（訴訟上の和解）	26
ベルギー仲裁センター	117, 124, 128
弁護士	55
――会会費	56
――会退会処分	67
――株式会社	60
――許可	29
――公証人	59
――年金	56, 65
――の兼職	59
――の所得	64
――の独立性	66

――の分属性	67
――の平均年齢	57
――費用	32, 65
――比率	57
――報酬	64, 65
――報酬法	62
――有限会社	60
――倫理	66
弁論主義	6-8, 16
――の補完	7
弁論能力	25, 29
包括的な訴訟物	12
包括的保護手続	96
法規不適用	17
法秩序の維持	2
法的安定性	2, 77
法的観点指摘義務	6-8
法的助言法	40
法的審問請求権	8
法的平和	2, 18
法務部	56
法律行為	26
簿記監査士	59
保護措置に関する規則（EU）	74, 89
補助参加人	46
香港国際仲裁センター	117, 127

マ　行

民事訴訟の目的	2
民衆訴訟	22
民法上の組合	38, 41, 59
蒸し返しの禁止	14
矛盾挙動	28
矛盾する判決（裁判）	77, 87, 119
ムスタ確認の申立て	43
ムスタ原告	44-46
ムスタ判断	44
ムスタ被告	45

明示の一部請求	15
メディエーション	2, 4, 68, 73
メディエーター	66
免責	111-113
――期間	111
――手続短縮化法	111
申立て	9-12, 15
黙示の一部請求	15
目論見書責任に基づく損害賠償請求権	42

ヤ　行

遺言執行者	22
優越的な蓋然性	18
ユーロフード事件	98, 106, 107
ヨーロッパ委員会	31, 49, 90, 92, 96, 100, 113, 118
ヨーロッパ議会	92, 96, 108, 112, 113, 132
ヨーロッパ共同体	72, 91
ヨーロッパ経済共同体	91
ヨーロッパ経済共同体条約	71, 85
ヨーロッパ債務名義	74, 89
ヨーロッパ司法裁判所	11, 76, 82, 87, 98, 99, 102-107, 120, 129
ヨーロッパ司法ネットワーク	74
ヨーロッパ中央銀行	93
ヨーロッパ評議会	96
ヨーロッパ理事会	92, 109, 111, 112
ヨーロッパ連合	73, 94, 131
予備的抗弁	27

ラ　行

リーガルサービス法	29, 39, 41
利益相反	134
利益剥奪請求訴訟	3, 35, 47
ルガノ条約	71, 72

ロンドン国際仲裁裁判所
　　　　　　　117, 124, 127

ワ 行

和議手続（イギリス）　　　97

法令および条約・条文索引

ドイツ

基本法
 12 条   55
 103 条 1 項   8
裁判所構成法
 198 条   5
裁判所費用法
 9 条 1 項   45
 12 条 1 項   45
 17 条 4 項   45
裁判所費用法費用表
 1902 号   45
 9018 号 (3)   45
行政裁判所法
 93 a 条   47
裁判官法
 5 a 条 3 項   68
連邦弁護士法
 1 条   66
 3 条   66
 4 条   55
 4 a 条 1 項   63
 12 条   56
 27 条 1 項   56
 31 a 条   68
 43 条   66
 43 a 条   66, 67
 43 b 条   67
 43 c 条   58
 46 条   67
 48 条   67
 49 b 条 1 項   61
 51 条   56
 59 c 条   60
 73 条 2 項   67
 74 条   67
 113 条   67
 114 条   67
専門弁護士法
 1 条   58
 3 条   58
 5 条   58
弁護士のための職業法
 6 条   59
 7 条   59
弁護士報酬法
 3 a 条 1 項   62
 3 a 条 2 項   63
 3 a 条 3 項   63
 4 a 条 1 項   63
 22 条 2 項   65
 34 条   62
 41 a 条   46
 49 b 条 2 項   63
 VV 前注 3 (3) 3104 号   61
 VV1000 号   61
 VV1003 号   61
 VV2300 号   62
 VV3100 号   61
リーガルサービス法
 1 条   41
 3 条   39-41
 7 条 2 項   40
 8 条   40, 41
 10 条   37, 41
 12 条   41
 19 条   39
パートナーシャフト組合法

索　引　*189*

8 条 4 項	60	445 条 2 項	20
民法		1059 条 2 項	129
134 条	39	競争制限禁止法	
138 条	38	33 条	34, 35
162 条 2 項	28	34 条	35, 36
204 条 1 項	45	34 a 条	35
242 条	24, 28	89 b 条	38
388 条	27	差止請求訴訟法	
781 条	25	1 条	34
商法		2 条	34
87 c 条 4 項	21	2 a 条	34
128 条	42, 105	3 条	34
会社法		3 a 条	34
43 条 3 項	105	4 a 条	34
64 条	105	5 条	34
民事訴訟法		11 条	34
32 b 条	43	投資者ムスタ手続法	
50 条 1 項	39	1 条 1 項	43
68 条	44	4 条	43
79 条 1 項	41	5 条	43
79 条 2 項	29, 41	6 条	43
82 条 1 項	23	7 条	43
91 条 2 項	62	8 条 1 項	43
110 条	37, 38	8 条 2 項	45
138 条 1 項	23, 24	9 条	44, 46
138 条 3 項	19	10 条 2 項	44
139 条	6, 7	14 条	45, 46
139 条 2 項	8	16 条	44
141 条	23	17 条	45
142 条	23	22 条	44
144 条	23	24 条 2 項	45
147 条	33	特許法	
256 条 1 項	11	140 c 条	21
278 a 条	3	140 d 条	21
307 条	25	不正競争防止法	
322 条 1 項	14, 34	8 条	34, 35
322 条 2 項	26	10 条	35, 48
325 条	34	倒産法	
357 条 1 項	21	92 条	105

93条	105
270b条	96
300条	111

EU

ヨーロッパ経済共同体条約	
220条	71, 91
ヨーロッパ共同体条約	
61条	72
65条	72, 92
リスボン条約	
21条	112
45条	112
49条	112
EU基本権憲章	
47条	3
ヨーロッパ人権憲章	
6条	5
ヨーロッパ機能条約	
81条2項	76
101条	52
102条	52
267条	76
ブリュッセル条約	
26条1項	84
34条	85, 86
ブリュッセルⅠ規則	
1条2項	78, 79
2条	79, 86
3条	76
4条	77, 79
5条	78-81
15条	82
16条	82
23条	83
26条	77
27条	77
30条	77
32条	84
33条	84
34条	85-87
35条	77, 86
38条	85, 88
40条3項	88
41条	85, 88
43条	85, 88
44条	85
45条1項	85, 88, 119
53条	85, 88
54条	85, 87, 88
57条	85
58条	85
60条	79
ブリュッセルⅠa規則	
4条1項	79
31条2項	84
39条	89
45条	90
46条	90
66条	89
ブリュッセルⅡa規則	
3条	78
8条	78
10条	78
41条	89
42条	89
倒産規則	
1条1項	95
2条h	101
3条	102, 105
3条1項	98, 99, 103
3条2項	100
4条1項	95
4条2項	111
4条2項f	102
17条1項	92
18条1項	92

25条1項	102
31条	101

国際商事仲裁に関するヨーロッパ条約
9条	121

その他

ニューヨーク条約
2条2項	120, 122
5条1項	119, 121, 129
5条2項	121
7条1項	121

ハーグ条約
6条	84

UNCITRAL モデル法
16条	128
17条	122, 124

アメリカ仲裁協会国際紛争解決センター仲裁規則
6条	124
7条	127
8条	127

オーストリア連邦経済評議会ウィーンルール
14条	127
15条	127
33条	124

国際商業会議所仲裁規則
6条	125
7条	125
8条	125
10条	125
12条	126
29条	123

シンガポール国際仲裁センター規則
5条	124

スイス商工会議所国際仲裁ルール
43条	124

ベルギー仲裁センター仲裁規則
11条	128
13条	128
26条	124

香港管理仲裁規則
23.1条	124
27条	127
28条	127

ロンドン国際仲裁裁判所仲裁規則
9B条	124

アメリカ合衆国倒産法
第11編301条	96

イギリス上級裁判所法
37条1項	130

イギリス倒産法
282条	112

ペーター・ゴットバルト教授　略歴

1944 年　ブレスラウに生まれる

　　　　 ミュンヘン大学とベルリン大学で法律学をおさめる

1974 年　博士号取得（エアランゲン大学）
1977 年　教授資格取得（エアランゲン大学）
1977 年　バイロイト大学教授（民法・民事訴訟法）
1983 年　レーゲンスブルク大学教授（民法・民事手続法・国際私法）
1997 年　ドイツ国際手続法学会理事長
2005 年　レーゲンスブルク大学法学部長
2009 年　国際訴訟法学会理事長
2014 年　レーゲンスブルク大学名誉教授

現在に至る

訳者紹介（執筆順）

二 羽 和 彦（にわ　かずひこ　Kazuhiko Niwa）
　中央大学法科大学院法務研究科教授（民事訴訟法専攻）。1955年生。中央大学大学院法学研究科博士後期課程単位取得退学。高岡法科大学法学部教授，中央大学法学部教授を経て，2007年より現職。主著：「弁論主義を考える」法学新報108巻9＝10号（2002年）など。

坂 本 恵 三（さかもと　けいぞう　Keizo Sakamoto）
　東洋大学法科大学院教授（民事訴訟法専攻）。1955年生。早稲田大学大学院法学研究科博士後期課程満期退学。1989年，ヴュルツブルク大学で法学博士号（Dr. iur. utr.）取得。朝日大学法学部教授，獨協大学法学部教授，獨協大学法科大学院教授を経て，2009年より現職。主著：Rechtskräftige Entscheidung und Nachforderung in Unterhalts- und Schadensersatzsachen in Japan（Carl Heymanns Verlag KG Koeln, 1990年）など。

芳 賀 雅 顯（はが　まさあき　Masaaki Haga）
　慶應義塾大学大学院法務研究科教授（民事訴訟法専攻）。1966年生。慶應義塾大学大学院法学研究科博士後期課程単位取得退学。明治大学法学部助手，専任講師，助教授，教授などを経て，2013年より現職。主著：『EUの国際民事訴訟法判例Ⅱ』（共編著，信山社，2013年），「国際裁判管轄の専属的合意と国際的訴訟競合の関係」慶應法学28号（2014年）。主著：Das internationale Parallelverfahren in Japan, ZZP Int 18 (2013), 339 ff.; Global Perspectives on ADR（共著, intersentia, 2014）など。

出 口 雅 久（でぐち　まさひさ　Masahisa Deguchi）
　立命館大学法学部教授（民事訴訟法専攻）。1959年生。慶應義塾大学大学院法学研究科前期修了。1991年ドイツ・フライブルク大学より法学博士号（Dr. iur. utr.）取得。同年より立命館大学法学部助教授，1999年より現職。主著：Das gerichtliche Geständnis im Verhandlungsvorbereitungsverfahren in Japan, Festschrift für Peter Gottwald zum 70. Geburtstag, S. 87-95, 2014 など。

秦 　 公 　 正（はた　きみまさ　Kimimasa Hata）
　中央大学法学部教授（民事訴訟法専攻）。1975年生。早稲田大学大学院法学研究科博士後期課程単位取得満期退学。平成国際大学法学部専任講師，中央大学法学部准教授を経て，2014年より現職。主著：『民事訴訟法』（共著，弘文堂，2012年），『民事執行法・民事保全法』（共著，弘文堂，2014年），『法学入門』（共著，中央経済社，2014年）など。

ドイツ・ヨーロッパ民事手続法の現在

日本比較法研究所翻訳叢書（71）

2015年10月1日　初版第1刷発行

編訳者　二 羽 和 彦
発行者　神 﨑 茂 治

発行所　中央大学出版部
〒192-0393
東京都八王子市東中野742-1
電話 042 (674) 2351・FAX 042 (674) 2354
http://www.2.chuo-u.ac.jp/up/

© 2015　　ISBN 978-4-8057-0372-4　　株式会社千秋社

日本比較法研究所翻訳叢書

0	杉山直治郎訳	仏蘭西法諺	B6判 (品切)
1	F. H. ローソン 小堀憲助他訳	イギリス法の合理性	A5判 1200円
2	B. N. カドーゾ 守屋善輝訳	法の成長	B5判 (品切)
3	B. N. カドーゾ 守屋善輝訳	司法過程の性質	B6判 (品切)
4	B. N. カドーゾ 守屋善輝訳	法律学上の矛盾対立	B6判 700円
5	P. ヴィノグラドフ 矢田一男他訳	中世ヨーロッパにおけるローマ法	A5判 (品切)
6	R. E. メガリ 金子文六他訳	イギリスの弁護士・裁判官	A5判 1200円
7	K. ラーレンツ 神田博司他訳	行為基礎と契約の履行	A5判 (品切)
8	F. H. ローソン 小堀憲助他訳	英米法とヨーロッパ大陸法	A5判 (品切)
9	I. ジュニングス 柳沢義男他訳	イギリス地方行政法原理	A5判 (品切)
10	守屋善輝編	英米法諺	B6判 3000円
11	G. ボーリー他 新井正男他訳	〔新版〕消費者保護	A5判 2800円
12	A. Z. ヤマニー 真田芳憲訳	イスラーム法と現代の諸問題	B6判 900円
13	ワインスタイン 小島武司編訳	裁判所規則制定過程の改革	A5判 1500円
14	カペレッティ編 小島武司編訳	裁判・紛争処理の比較研究(上)	A5判 2200円
15	カペレッティ 小島武司他訳	手続保障の比較法的研究	A5判 1600円
16	J. M. ホールデン 高窪利一監訳	英国流通証券法史論	A5判 4500円
17	ゴールドシュティン 渥美東洋監訳	控えめな裁判所	A5判 1200円

日本比較法研究所翻訳叢書

18	カペレッティ編 小島 武司 編訳	裁判・紛争処理の比較研究(下)	A5判 2600円
19	ドゥロブニク他編 真田 芳憲他訳	法社会学と比較法	A5判 3000円
20	カペレッティ編 小島・谷口 編訳	正義へのアクセスと福祉国家	A5判 4500円
21	P. アーレンス編 小島 武司 編訳	西独民事訴訟法の現在	A5判 2900円
22	D. ヘーンリッヒ編 桑田 三郎 編訳	西ドイツ比較法学の諸問題	A5判 4800円
23	P. ギレス編 小島 武司 編訳	西独訴訟制度の課題	A5判 4200円
24	M. アサド 真田 芳憲 訳	イスラームの国家と統治の原則	A5判 1942円
25	A. M. プラット 藤本・河合 訳	児童救済運動	A5判 2427円
26	M. ローゼンバーグ 小島・大村 編訳	民事司法の展望	A5判 2233円
27	B. グロスフェルト 山内 惟介 訳	国際企業法の諸相	A5判 4000円
28	H. U. エーリヒゼン 中西 又三 編訳	西ドイツにおける自治団体	A5判 (品切)
29	P. シュロッサー 小島 武司 編訳	国際民事訴訟の法理	A5判 (品切)
30	P. シュロッサー他 小島 武司 編訳	各国仲裁の法とプラクティス	A5判 1500円
31	P. シュロッサー 小島 武司 編訳	国際仲裁の法理	A5判 1400円
32	張 晋 藩 真田 芳憲 監修	中国法制史(上)	A5判 (品切)
33	W. M. フライエンフェルス 田村 五郎 編訳	ドイツ現代家族法	A5判 (品切)
34	K. F. クロイツァー 山内 惟介 監修	国際私法・比較法論集	A5判 3500円
35	張 晋 藩 真田 芳憲 監修	中国法制史(下)	A5判 3900円

日本比較法研究所翻訳叢書

36	G. レジェ他 / 山野目章夫他訳	フランス私法講演集	A5判 1500円
37	G. C. ハザード他 / 小島武司編訳	民事司法の国際動向	A5判 1800円
38	オトー・ザンドロック / 丸山秀平編訳	国際契約法の諸問題	A5判 1400円
39	E. シャーマン / 大村雅彦編訳	ADRと民事訴訟	A5判 1300円
40	ルイ・ファボルー他 / 植野妙実子編訳	フランス公法講演集	A5判 3000円
41	S. ウォーカー / 藤本哲也監訳	民衆司法——アメリカ刑事司法の歴史	A5判 4000円
42	ウルリッヒ・フーバー他 / 吉田豊・勢子訳	ドイツ不法行為法論文集	A5判 7300円
43	スティーヴン・L. ペパー / 住吉博編訳	道徳を超えたところにある法律家の役割	A5判 4000円
44	W. マイケル・リースマン他 / 宮野洋一他訳	国家の非公然活動と国際法	A5判 3600円
45	ハインツ・D. アスマン / 丸山秀平編訳	ドイツ資本市場法の諸問題	A5判 1900円
46	デイヴィド・ルーバン / 住吉博編訳	法律家倫理と良き判断力	A5判 6000円
47	D. H. ショイイング / 石川敏行監訳	ヨーロッパ法への道	A5判 3000円
48	ヴェルナー・F. エブケ / 山内惟介編訳	経済統合・国際企業法・法の調整	A5判 2700円
49	トビアス・ヘルムス / 野沢・遠藤訳	生物学的出自と親子法	A5判 3700円
50	ハインリッヒ・デルナー / 野沢・山内編訳	ドイツ民法・国際私法論集	A5判 2300円
51	フリッツ・シュルツ / 眞田芳憲・森光訳	ローマ法の原理	A5判（品切）
52	シュテファン・カーデルバッハ / 山内惟介編訳	国際法・ヨーロッパ公法の現状と課題	A5判 1900円
53	ペーター・ギレス / 小島武司編	民事司法システムの将来	A5判 2600円

日本比較法研究所翻訳叢書

54	インゴ・ゼンガー 古積・山内 編訳	ドイツ・ヨーロッパ民事法の今日的諸問題	A5判 2400円
55	ディルク・エーラース 山内・石川・工藤 編訳	ヨーロッパ・ドイツ行政法の諸問題	A5判 2500円
56	コルデュラ・シュトゥンプ 楢崎・山内 編訳	変革期ドイツ私法の基盤的枠組み	A5判 3200円
57	ルードフ・V・イエーリング 眞田・矢澤 訳	法学における冗談と真面目	A5判 5400円
58	ハロルド・J・バーマン 宮島直機 訳	法 と 革 命 Ⅱ	A5判 7500円
59	ロバート・J・ケリー 藤本哲也 監訳	アメリカ合衆国における組織犯罪百科事典	A5判 7400円
60	ハロルド・J・バーマン 宮島直機 訳	法 と 革 命 Ⅰ	A5判 8800円
61	ハンス・D・ヤラス 松原光宏 編	現代ドイツ・ヨーロッパ基本権論	A5判 2500円
62	ヘルムート・ハインリッヒス他 森 勇 訳	ユダヤ出自のドイツ法律家	A5判 13000円
63	ヴィンフリート・ハッセマー 堀内捷三 監訳	刑罰はなぜ必要か 最終弁論	A5判 3400円
64	ウィリアム・M・サリバン他 柏木 昇 他訳	アメリカの法曹教育	A5判 3600円
65	インゴ・ゼンガー 山内・鈴木 編訳	ドイツ・ヨーロッパ・国際経済法論集	A5判 2400円
66	マジード・ハッドゥーリー 眞田芳憲 訳	イスラーム国際法 シャイバーニーのスィヤル	A5判 5900円
67	ルドルフ・シュトラインツ 新井 誠 訳	ドイツ法秩序の欧州化	A5判 4400円
68	ソーニャ・ロートエルメル 只木 誠 監訳	承諾, 拒否権, 共同決定	A5判 4800円
69	ペーター・ヘーベルレ 畑尻・土屋 編訳	多元主義における憲法裁判	A5判 5200円
70	マルティン・シャウアー 奥田安弘 訳	中東欧地域における私法の根源と近年の変革	A5判 2400円

＊価格は本体価格です。別途消費税が必要です